Dethard v. Winterfeld

DER DOM ZU WORMS

Aufnahmen von Ingeborg Limmer

Karl Robert Langewiesche Nachfolger
Hans Köster Verlagsbuchhandlung KG
Königstein im Taunus

Das Dommodell (im Südquerhaus) mit Johanniskirche, Bischofspfalz (rechts) und Umgebung im Zustand des 18. Jahrhunderts, von Osten gesehen.

EINBAND-VORDERSEITE: Der Dom von Südosten. - VORSATZBLATT, VORNE, LINKS: Das Innere des Domes vom Ostchor aus. Stahlstich von J. M. Kolb, ca. 1830, historisierend vereinfacht (gez.: L. Lange). - VORSATZBLATT VORNE, RECHTS: Ostansicht des domes mit der barocken Schweifhaube über den alten Dächern von Hagenstraße und markt. Stahlstich von Ludwig Lange, 1832. - Seite 1: Kapitellfries des Nordportals, linkes Gewände, mit Köpfen zwischen dem Akanthuslaub (um 1160). - EINBAND-RÜCKSEITE: Das Danielrelief in der Annenkapelle.

BILDNACHWEIS: Die Aufnahmen von Ingeborg Limmer, Bamberg, wurden ergänzt durch: Klaus Baranenko, Worms: S.61. - Erwin Böhm, Mainz: S. 17, 52, 64. - Hessisches Landesmuseum, Darmstadt: Seite 15. - Stadtarchiv, Worms: Vorderes Vorsatzblatt rechts. - Verlagsarchiv: Vorderes Vorsatzblatt links.

LITERATUR-HINWEISE:

R. Kautzsch, Der Dom zu Worms, 3 Bde., Berlin 1938. – Ders., Der Meister des Westchors am Dom zu Worms, in: Zs. d. Dt. Vereins f. Kunstwissenschaft 1934, S. 4–15. – Ders., Der Meister der Ostteile des Domes zu Worms, in: Städeljahrbuch 5, 1926, S. 99 ff. – R. Hamann, Deutsche und französische Kunst im Mittelalter, 2 Bde., Marburg 1922, 1923. – Fr. M. Illert, Zeitgeschichte und Dombau, in: Der Wormsgau 7, 1965/66. – H.-J. Krause, Bemerkungen zum Neubau des Wormser Doms, in: Wissensch. Zs. d. Univers. Leipzig 12, 1963, ges. u. sprachwiss. Reihe H. 2. S. 445–462 – W. Hotz, Der Dom zu Worms, Darmstadt, 1981 – E. Hollstein, Dendrochronolog. Dat. v. Bauhölzern d. Wormser Doms, in: Neues Jb. f. d. Bistum Mainz, 1979, S. 45 f. und 1981, S. 125–134, O. Böcher, Die Alte Synagoge zu Worms, Worms 1960 – K. A. Wirth, Das Westportaltympanon der Aschaffenburger Stiftskirche, in: Aschaffenburger Jb. 4, 1957, S. 414/417 – J. Hotz, Balthasar Neumanns Hochaltar im Wormser Dom, in: Der Wormsgau 6, 1963, S. 9–25 – F. Reuter, Zur Darstellung von Musikinstrumenten im Dom zu Worms, in: Mainzer Zs. 67/68, 1972/73, S. 264 ff.

IMPRESSUM: 3., durchgesehene Auflage.
Printed in Germany. ISBN 3-7845-5232-3

Zur Einführung

Worms - in wem weckte der Klang dieses Namens nicht vielfältige Erinnerungen an das fast zur Sage gewordene deutsche Mittelalter, an eine versunkene Kaierzeit, die sich nur allzu leicht mit dem Heldenepos des Nibelungenliedes verbindet, wie es dessen unbekannter Dichter vielleicht gewollt haben mag? Zweifellos hatte dieser um 1200 den gerade erbauten neuen Dom und die bischöflich-königliche Pfalz vor Augen, als er den uralten germanischen Sagenstoff mit Bruchstücken der historischen Überlieferung von Burgundern und Hunnen verband und in Sprache, Lebensgewohnheiten und Bildern seiner staufisch höfisch-ritterlichen Gegenwart und Umgebung kleidete. Aber da sind auch die mehr als 100 Reichs- und Hoftage, das berühmte "Wormser Konkordat" von 1122, das den ersten Frieden und Ausgleich der Interessen zwischen Kaiser und Papst im Investiturstreit bringen sollte, das Stadtprivileg Kaiser Friedrich I., genannt Barbarossa, 1184, als Ereignis einer stets kaisertreuen Haltung, die Worms zu einer der sieben freien Städte im Heiligen Römischen Reich machte. Nicht zu vergessen der Reichstag von 1521, auf dem Luther geächtet und die religiös-politische Spaltung des Reichs eingeleitet wurde, die rund hundert Jahre später im dreißigjährigen Krieg in eine Katastrophe führen sollte. Die Spuren dieser bedeutsamen Epochen in der von stets erneuten Zerstörungen - 1689 und besonders 1945 - geschunden und nicht immer glücklich wiederaufgebauten Stadt sind zwar noch immer beachtlich und wirksam, allein im mächtigen Dom erscheinen sie gebündelt und zu einem einzigartigen Denkmal erhoben, aussagekräftig noch nach Jahrhunderten.

Historische Voraussetzungen

Der Dom steht auf der höchsten Erhebung des Stadtgebietes, die immer hochwasserfrei in dem damals deltaartigen Flußgebiet des Rheines lag. Die Siedlungsgeschichte an diesem Platz reicht weit zurück. Zunächst Kelten, deren Name für die Stadt "Borbetomagus" uns die Römer überlieferten - später verschliffen zu Worms - dann um die Zeitenwende (im 1. Jahrhundert vor oder nach Christi Geburt) die germanischen Vangionen und alsbald für vier Jahrhunderte die Römer, die den Ort zur Civitas Vangionum ("Wonnegau") erhoben und die keltisch-germanische Bevölkerung zu Bewohnern und später Bürgern des römischen Reiches machten. Sie formten auch das erste Bild der Stadt, deren verschobenes Rechteck in Umrissen bekannt ist. Die Randlage des Domes im römischen Stadtareal nahe der Mauer ist typisch für die frühen christlichen Bischofskirchen (Trier, Köln).

Im Anfang des 5. Jahrhunderts n. Chr. mußten die Römer ihre Militärmacht zurückziehen. Als Hilfstruppe siedelten sie 413 die Burgunder an, ein kleinerer germanischer Volksstamm, von dem man annimmt, daß er von der Ostsee aus nach Süden gewandert sei. Sie versuchten, ein selbständiges Reich zu gründen, wurden aber schon 435 von den Römern geschlagen und 442 umgesiedelt. Die Hunnen fielen von Osten ein. Das ist der historische Kern des Nibelungenliedes. Die Nachwirkungen dieses kleinen Volkes sind erstaunlich, gaben sie doch danach mehreren Reichen den Namen, die wesentliche Teile der Schweiz, das heutige Burgund und weite Teile des Rhônetales umfaßten, obwohl sie alsbald von den Franken unterworfen wurden. Noch das spätmittelalterliche Reich der Herzöge hieß nach den legendären Burgundern, die für Worms nur eine Episode waren.

Die Hunnen wurden 451 zwar von den Römern besiegt, doch am Rhein drängten Alemannen, vor allem aber die Franken nach, die das Erbe der Römer als Ordnungsmacht im 6. Jahrhundert antraten. Unter ihnen tritt Worms nach den Wirren der Völkerwanderungszeit wieder in die Geschichte ein. Um 600 Residenz der Königin eines Teilreiches, Brunichildis, die vielleicht der Brunhild des Nibelungenliedes den Namen gab und 613 grausam hingerichtet wurde, blieb Worms eines der königlichen Standquartiere und Hauptstadt des Gaus. An diesen Funktionen änderte sich kaum etwas, obwohl die Dynastien (Merowinger, Karolinger, Ottonen) und die Reiche (Frankenreich, Renovatio des Römischen Reichs unter Karl dem Großen und seine Reichsteilungen) wechselten.

Im 10. Jahrhundert unter den ottonischen Kaisern war Worms Mittelpunkt der Herrschaft eines Herzogs- und Grafengeschlechts, das mit der kaiserlichen Familie verschwägert war und aus dem darum die Dynastie der salischen Kaiser hervorgehen sollte. Deren Ahnen liegen im Wormser Dom begraben.

Sicher bezeugt als Bischofssitz ist Worms erst seit 614 durch die Bischofsliste der Pariser Synode. Seine römische Entstehung im 4. Jahrhundert, nur durch das gefälschte Synodenprotokoll von Köln 346 überliefert, ist umstritten. Sicher ist, daß das Christentum als eine - später die - Religion der Römer an den Rhein kam und die Kirche die Einteilung der römischen Provinzialverwaltung übernahm. Zu jeder civitas und ihrem Bezirk gehörte als kirchliche Spitze ein Bischof als höchster Priester. Es wird in Worms nicht anders als in den römischen Städten Köln, Trier, Mainz, Speyer, Straßburg, Augsburg, Regensburg und Salzburg gewesen sein. Vor allem gibt es wenig Anlaß, in der Zeit zwischen Römern und 614 die Gründung eines Bistums zu vermuten, vielmehr stellt uns die Frage nach der Kontinuität in den Wirren der Völkerwanderungszeit vor Probleme der historischen Forschung.

Eine Bischofskirche muß es in Worms wohl seit der Antike gegeben haben. Wir dürfen sie wie in Köln und Trier unter dem Dom vermuten, freilich wohl kaum als Nachfolger öffentlicher-römischer Bauten (Forum), die im 4. Jahrhundert noch in Funktion waren. Eine solche Annahme, wie sie mehrfach geäußert wurde, stünde im Gegensatz zu allen archäologisch gesicherten Erfahrungen an anderen Orten. Grabungen haben römische Mauerzüge und vor allem ausgedehnte Fußboden zutage gefördert. Möglicherweise lassen sich daraus ein Atrium und ein dreischiffiger Bau rekonstruieren. Auch für die nachfolgenden Kirchenbauten gilt die Erfahrung der Domgrabung von Köln, daß wir sie eher durch die Ausdehnung ihrer Fußböden, denn durch erhaltene Mauer- und Fundamentreste kennen, die sich zu einem geschlossenen Bild zusammenfügen ließen. Außerdem erfolgten die Grabungen zu früh für die in den letzten Jahrzehnten verfeinerten Methoden.

Man darf vermuten, daß die nachgewiesene fränkische Erneuerung des Domes durch Brunichildis oder den bedeutenden merowingischen König Dagobert I. (625-639) erfolgte unter Einbeziehung der römischen Überreste. Ob er damals schon die Gestalt einer einfachen, dreischiffigen Basilika erhielt, ist nicht gesichert. Eine Apsis ist ergraben. Für die frühe Zeit erscheint der Bau vergleichsweise sehr groß. Wahrscheinlicher ist es, daß die überlieferten Bauarbeiten 852/872 mit einer karolingischen Erneuerung - nicht nur Erweiterung - des Domes zusammenhingen. Das würde auch zu Bauunternehmungen in anderen Städte des ostfränkischen Reiches passen.

In diesem Bau wurde 955 der auf dem Lechfeld in der Schlacht gegen die Ungarn gefallene Herzog von Lothringen, Konrad der Rote, Schwiegersohn Ottos des Großen und Ahnherr der Salier, beigesetzt und damit die Grablege des Geschlechts begründet. Sie lag vor dem Kreuzaltar im Ostjoch des heutigen Mittelschiffs, dem Platz, der eigentlich nur Stiftern zukommt, und wurde unverändert in die Domneubauten des 11. und des 12. Jahrhunderts übernommen. Erst Anfang unseres Jahrhunderts legte man die Gräber frei und überbaute sie wie in Speyer mit einer modernen Gruftanlage. Die Steinsärge, zum Teil wiederverwendete römische Sarkophage, befinden sich nicht mehr in der Anordnung und dem Zustand, in denen man sie antraf. Die Namen der dort Bestatteten kennen wir vor allem durch die Anordnung Kaiser Konrads II. von 1034 für den Totendienst für seine Vorfahren. Die Identifikation erfolgte wegen fehlender Inschriften durch Untersuchungen der Skelette und ist nicht ganz gesichert.

Der Höhepunkt der Wormser Geschichte lag zweifellos im 11. und 12. Jahrhundert, weil hier die Salier ihre Hausmacht und damit ihren politischen Schwerpunkt besaßen. Ihr Erbe traten die Staufer an, unter denen die Stadt als Parteigänger der Kaiser gegenüber den Bischöfen an Macht und Selbständigkeit gewann.

Das kleine Bistum, das mit wesentlichen Teilen auf das rechte Rheinufer übergriff, hatte es zwischen seinen größeren Nachbarn, Speyer und insbesondere dem Erzbistum Mainz, nicht leicht. Die kaiserliche Stellung wurde schwächer. Ein Teil der Wormser, dazu die ganze Kurpfalz, schlossen sich der Reformation an. Der dreißigjährige Krieg, die Probleme mit der benachbarten Kurpfalz und der pfälzische Erbfolgekrieg 1688/97, der "Orléansche Krieg", mit der totalen und brutalen Zerstörung 1689 durch den französischen König Ludwig XIV., zehrten das Bistum aus. Im 18. Jahrhundert wurde es in Personalunion durch die Trierer und Mainzer Erzbischöfe mitverwaltet, eine Anlehnung, die den Dom gewiß in seinem Bestand sichern half. 1792 rückten die Franzosen abermals ein, nun als Revolutionäre. Damit verschwand das Bistum.

1803 wurde als Folge das Domstift aufgelöst, 1806 folgte das alte Reich. 1815/23 verzichtet man auf eine Neueinrichtung. Der Dom ist seither Pfarrkirche, deren Pfarrer seit der Erhebung zur päpstlichen Basilica Minor

DER ANSCHLUSS DES KREUZGANGS AN DAS SÜDSEITENSCHIFF, Turmstumpf des 11. Jahrhunderts.

wieder den Titel eines Dompropstes trägt, in Erinnerung an die große stiftische und bischöfliche Vergangenheit und als Sachwalter eines verpflichtenden Erbes.

Die Lage

Weder der Dom des 11. Jahrhunderts noch sein staufischer Nachfolger waren als freistehende Monumente konzipiert, sondern sie waren eingefügt in ein festes topographisches System mit einer z. T. dichten Bebauung (Abb. S. 2, 81). An das westliche Joch des nördlichen Seitenschiffs schloß im rechten Winkel der "Bischofshof", die bischöfliche Pfalz an, in der sich auch die Kaiser und Könige aufhielten, wenn sie in Worms waren. Davor war ein großer freier Platz, auf den das Nordportal Bezug nimmt. In dieser Anordnung stimmen Dom und Pfalz, sehr genau mit Bamberg (Anf. 11. Jahrhundert) überein, im Prinzip auch mit Speyer (1. Drittel 11. Jahrhundert) und vermutlich auch mit Mainz. Die Pfalz bestand aus Saalbau und Palas, Aula maior und Aula minor; eine eigene Kirche, St. Stephan vor der Flucht der Pfalz auf der nördlichen Seite des Platzes. Die Anschlußspuren der Aula minor am Dom sind noch zu sehen, dazu je eine Tür unten und oben, die in einen Gang in der Westmauer zum Turm führt. Eine Häuserzeile, die wie heute dicht vor der Ostfront stand, trennte Dom und Platz von der als Markt dienenden Straße.

Auf der Südseite grenzte in eigentümlich nach Westen verschobener Stellung der Kreuzgang an die Westjoche des Seitenschiffes, heute eine von Mauern umgrenzte Gartenanlage. Wir kennen ihn genauer in seiner spätgotischen, doppelgeschossigen Form, umgeben von den Gebäuden des Domkapitels. Er wurde zwischen 1484 und 1516 sehr allmählich errichtet und stand mit der Nikolauskapelle in einem engen Zusammenhang des Baugefüges, der heute nach ihrer vollständigen Erneuerung weitgehend verwischt ist. Von dem romanischen Vorgänger stammt die großartige, mehrgeschossige Blendengliederung am Westende des Südseitenschiffs (Abb. S. 4), die nach Ausweis der Formen, des Steinverbandes und innerer Treppenläufe mit dem Dom zugleich errichtet wurde. Auch der Dom des 11. Jahrhunderts muß einen Kreuzgang besessen haben. Die fast zwingend gegebene Kontinuität der Stiftsgebäude sowie die Lage von Südportal und alter Nikolauskapelle (S. 82) legen es nahe, ihn an gleicher Stelle zu vermuten. Ob seine verschobene Position damit eine bewußte, nahezu symmetrische Angleichung an die nördliche Bischofspfalz darstellt oder durch andere Gegebenheiten wie etwa die Johanniskirche erzwungen war, wissen wir mangels archäologischer Unternehmungen nicht.

Auf dem heute von schönen Bäumen bestandenen Platz südlich des Doms, fast in der Achse des Südquerhauses und dicht neben ihm stand ein mächtiger Zentralbau, die Johanniskirche, die 1807 abgebrochen wurde. Sie ist uns durch Grundrisse, Ansichten und Schnitte gut bekannt. Sie war zehneckig mit Umgang, besaß eine Krypta, einen vorspringenden Chor, einen seitlichen Turm und Zwerggalerien über dem Zentralraum und dem Umgang. Der hochinteressante Bau war demnach spätromanisch und trotz seiner Beziehungen zum Westchor durchaus eigenständig, wobei manches nach Basel und Straßburg weist. Das Patrozinium Johannes des Täufers sowie der in der Nikolauskapelle erhaltene spätgotische Taufstein weisen den Bau als Taufkirche - Baptisterium - des Doms aus, dazu paßt auch die Form des Zentralbaus. Mit dem Taufrecht war auch die Funktion der Pfarrkirche gegeben, die damals noch keine echte Gemeinde- und Predigtkirche zu sein brauchte. Das Nebeneinander von Dom und rundem Baptisterium wirkt uralt und hat viele Parallelen, vor allem in Italien. Die Frage ist nur, wie der vermutlich vorhandene Vorgängerbau der Johanniskirche aussah und wie alt er bzw. dieses Nebeneinander war. Manches spricht dafür, daß man erst in spätromanischer Zeit in bewußter Anknüpfung an ältere Traditionen einen Zentralbau als Taufkirche geschaffen hat wie etwa in Trier die gotische Liebfrauenkirche. Ein schönes Modell im Südquerarm und Grubers Isometrie geben einen guten Eindruck der alten Gesamtsituation (Abb. S. 81).

Der Dom des Bischofs Burchard

Unter Bischof Burchard (1000-1025) wurde ein vollständiger Neubau errichtet. Wir wissen das durch die Nachricht einer Weihe von 1018 und durch die unteren Teile der Westtürme (Abb. S. 40, 4), die stilistisch vorzüglich in diese Zeit passen. Hier sind vor allem die flachen Lisenenbänder zu erwähnen, die im Wechsel hohe Platten und querliegende Binder aus Quaderwerk im sonst kleinsteinigen verputzten Mauerwerk der Flächen zeigen. Die Nebenapsiden der 1025 begonnenen Klosterkirche Limburg a. d. Haardt bei Dürkheim sind hier ebenso vergleichbar wie der etwas jüngere Westchor des Trierer Domes (1042-1054). In Worms selbst wäre auf die beiden Rundtürme von St. Paul zu verweisen.

Der Dom Bischof Burchards ist im Grunde der erste Bau, von dessen Grundriß wir uns eine relativ gut begründete Vorstellung machen können (S. 82). Er war wohl weitgehend identisch mit dem des heutigen, hochromanischen Domes. Bei den Grabungen fand man keine Spuren einer abweichenden Mauerführung. Man hat daraus geschlossen, daß die Fundamente wiederverwendet und allenfalls verstärkt worden seien. Da die Ausgräber keine genauen Beschreibungen, Aufmaße und Fotos hinterlassen haben, ist die Annahme hypothetisch. Dennoch ist die Folgerung einer Übereinstimmung der Grundrisse sicher richtig. Sicher war es eine flach gedeckte Basilika, deren Seitenschiffe schon die gleiche Höhe wie die heutigen hatten. Ihre Westwand, zugleich ein Teil der westlichen Türme, war bis zur modernen Verkleidung durch Quader vor 1913 sichtbar, Turmtüren zu ihrem Dachboden bestimmen ihre Höhe. Zwischen den Rundtürmen und in der gleichen Flucht mit ihnen ist die Apsis des alten Westchors ergraben worden, womit sich der Dom in die größere Gruppe der ottonischen Doppelchoranlagen einfügen läßt (Mainz, Bamberg, Augsburg, Naumburg, St. Michael in Hildesheim, Trier, Verdun).

Das östlich anschließende Querhaus hatte nicht quadratische Flügel. Das beweisen Fundamentreste außen unter der südlichen Stirnwand und auf der Ostseite des Nordquerarms. Wie die Vierung aussah - ausgeschieden, abgeschnürt, durchlaufendes Mittelschiff - wissen wir nicht. Den Grundriß des östlichen Hauptchores denkt man sich ebenfalls mit dem heutigen Dom übereinstimmend: zwei runde Türme, die Apsis flankierend und ein quadratisches Altarhaus, begleitet von zwei Annexräumen, die den Zwischenraum von Türmen und Querhaus ausfüllten. Auch sie bestehen noch heute. Im Süden ist es die barock erneuerte Sakristei, im Norden die alte Schatzkammer, "Silberkammer" genannt (Abb. S. 14). Sie ist im 13. Jahrhundert gotisch umgebaut worden, ihre Umfassungsmauern lassen sich aber eindeutig in die erste Hälfte des 11. Jahrhunderts datieren. Für den Vergleich der Mauerwerkstrukturen mit anderen erhaltenen Teilen des Burcharddomes ist das wichtig. Es ist allerdings nicht sicher, ob die Silberkammer gleichzeitig mit den anderen Teilen errichtet wurde.

Die Ostanlage ist nicht ergraben worden. Nur außen wird unter der Ostseite und den beiden Rundtürmen eine Sockelzone aus hammerrechten Kleinquadern sichtbar (Abb. S. 26), die im Gegensatz zu dem vorzüglichen Großquaderwerk des heutigen Domes steht. Außerdem stimmen die Durchmesser von Sockel und Türmen nicht ganz überein. Man hat aus diesem Befund geschlossen, daß auch hier ein Stück Burcharddom sichtbar sei und zudem die Wiederverwendung seiner Fundamente sinnfällig belegt werde. Folgt man dem, so bleibt immer noch offen, ob der alte Chor gerade geschlossen war wie in Limburg a. d. Haardt oder wie der heutige aus einer rechteckig ummantelten Apsis bestand wie bei Bau I in Speyer, was also beides gut in die Zeit passen würde.

Dennoch sind Zweifel angebracht. In Farbe, Regelmäßigkeit und Verzicht auf Kantenquader (Silberkammer) unterscheidet sich diese Sockelzone von dem sonst bekannten Mauerwerk der Burchardzeit. Es erinnert vielmehr an das auch bei Bau II in Speyer (1080/1106) und lange danach übliche Kleinquaderwerk. Auch das Abweichen der Turmdurchmesser an der Grenzlinie von Fundament und Aufgehendem ist nichts Ungewöhnliches. Schließlich rechnet der Gewölbebau des 12. Jahrhunderts mit erheblich größeren Mauerstärken. Müssen wir also diesen Teil unserer Kenntnisse über den Burcharddom aufgeben? Sicher scheint jedoch, daß trotz des Geländeabfalls nach Osten keine Krypta vorhanden war, was für eine Kathedrale des 11. Jahrhunderts sehr ungewöhnlich ist.

In der gotischen Nikolauskapelle an der Südseite wurden die Fundamente der sehr viel kleineren vorangehenden Kapelle aufgedeckt (S. 82), die sich ebenfalls an die Südseite des alten Doms anlehnte. Sie wurde beim Neubau geschont, und daher blieb ein Stück alter Dommauer dort erhalten, bis auch hier die Verblendung mit neuen Quadern um 1913 die Spuren verwischte.

Trotz aller Unsicherheiten vermittelt uns der Grundriß des Burcharddomes das Bild eines der ganz großen Bauten der spätottonischen Zeit, zugleich des ersten wirklich faßbaren Kirchenbaus an diesem Ort. Er zeigt damit den gewaltigen Um- und aufbruch der Zeit um 1000 an. Mainz ging voran, Speyer und Straßburg folgten mit ebenfalls riesigen Neubauten. Ein neues Europa entstand damals auch sonst, was die Zeitgenossen selbst so empfanden und uns schriftlich überlieferten. 1018 wurde der Dom geweiht. Bereits 1020 soll sein Westchor eingestürzt und wieder errichtet worden sein. Davon hat sich archäologisch nichts nachweisen lassen. Der schlechte Baugrund im Westen hat allerdings auch den spätromanischen Chor baufällig werden lassen.

Die schriftlichen Nachrichten des 12. Jahrhunderts

Aus dem weiteren Verlauf des 11. Jahrhunderts wissen wir nur, daß dem Dom 1058 die Nikolauskapelle angefügt wurde.

Das 12. Jahrhundert beginnt mit einer Domweihe im Jahre 1110 als Abschluß der Wiederherstellung nach einem Brand unter Bischof Burchard II., genannt Buggo, im Beisein mehrerer Bischöfe und Kaiser Heinrich V. Die Nachricht wird allerdings zumeist in Quellen des 15. Jahrhunderts überliefert, dazu nicht gleichlautend. Weder am heutigen Bau, noch im bisher ergrabenen archäologischen Befund, der sehr lückenhaft ist, hat sich etwas nachweisen lassen, was mit dieser Weihe zusammenpaßt. Das besagt freilich nichts, denn es gibt viele Kirchenweihen, die nicht mit neuen Bauvorhaben im Zusammenhang stehen. Außerdem hat sich der Einsturz des Westchors 1020 auch nicht nachweisen lassen. Schließlich können 1110 Umbauten des Burcharddomes abgeschlossen worden sein, die wir nicht kennen. 1111 stiftet Kaiser Heinrich V. jedenfalls einen goldenen Kelch für den Dom.

1130 wurde dann eine Kapelle mit dem Kreuz- und Marienpatrozinium geweiht. Ob sie mit der Silberkammer identisch ist, darf bezweifelt werden, weil deren ältere Umfassungsmauern ins 11. Jahrhundert gehören.

1141 wird der schlechte Zustand der Wormser Kirchen - ob auch des Doms? - beklagt.

1145/47 jedenfalls konnte Bernhard von Clairvaux im Dom predigen und zum Kreuzgang aufrufen.

1171 wurde Bischof Konrad I. im Querhaus des Doms bestattet.

1172 stiftete Bischof Konrad II. eine Ampel für den Westchor, in dem er 1192 bestattet wurde, vermutlich weil er diesen Ort und seinen Heiligen, Laurentius, besonders liebte. War er der Bauherr dieses Chors? 1213 wurde für den Laurentiusaltar und 1234 für dessen Priester Pfründen gestiftet.

Am 2. Mai 1181 wurde der Dom oder ein Teil von ihm feierlich geweiht, nicht vom zuständigen Mainzer, sondern vom Trierer Erzbischof. Der Bauherr Bischof Konrad II. sowie die Bischöfe von Speyer und Münster wirkten mit, Kaiser Friedrich I., genannt Barbarossa, war vielleicht anwesend. Die Nachricht ist mehrfach überliefert, frühestens jedoch durch eine nicht erhaltene Quelle von 1282. 1184 gab der Kaiser sein berühmtes Privileg an die Stadt, das man in Bronze goß und über dem Nordportal anbrachte, unzerstörbar - wie man vergeblich hoffte - und vielleicht auch als Mahnung der Bürger an ihren Stadtherrn, in dem sie selten einig waren.

Der romanische Dom: Beschreibung

Da sich der romanische Neubau des 12. Jahrhunderts, der heute vor uns stehende Dom, wohl weitgehend nach den Fundamenten des Burcharddomes richten sollte - man wollte die liturgische Ordnung, die Stellung der Altäre und das vertraute Bild nicht ändern - ist auch er eine doppelchörige Pfeilerbasilika mit kreuzförmigem Grundriß (S. 83). Allerdings ist er nur in Teilen gewölbt, die hohen Räume mit Rippen -, die Seitenschiffe mit Gratgewölben. Das östlich gelegene, einschiffige Querhaus tritt nur wenig über die Langhausfluchten hervor und hat daher querrechteckige Arme. Die Vierung ist annähernd quadratisch und von einem achteckigen, offenen und belichteten Vierungsturm mit einem kuppelartig wirkenden Klostergewölbe bekrönt (Abb. S. 26, 27). Dem quadratischen Chorjoch schließt sich im Osten eine halbkreisförmige Apsis an. Sie ist außen rechtreckig ummantelt, was eine fassadenartige Gestaltung zur Stadt und zum Rhein hin ermöglichte und den Eindruck eines unter einem Dach zusammengefaßten Langchores ergibt (Abb. S. 20). Apsis bzw. "Fassade" (Abb. S. 26, 27) werden flankiert von den beiden mächtigen Rundtürmen. Um drei Fenster sowohl in der Apsis wie in der äußeren Giebelwand symmetrisch anordnen zu können, wurden die Gewände der äußeren als tiefe Tunnelschächte spitzwinklig gebrochen. Das erregt den Verdacht, hier sei eine Anlage des Vorgängerbaus zu berücksichtigen gewesen.

Das Langhaus mit seinen relativ schmalen Seitenschiffen ist in fünf quadratischen Doppeljochen im gebundenen System gewölbt, bei dem jedem Mittelschiffjoch jeweils zwei Seitenschiffjoche auf jeder Seite zugeordnet sind. Daraus ergibt sich ein ausgeprägter Stützenwechsel bei den leicht längsrechteckigen Pfeilern. Das westliche Joch im Mittel- und Seitenschiff ist etwas tiefer.

Das westliche Chorjoch ist schmaler als das Mittelschiff und dazu querrechteckig so daß der steile, achteckige Chorturm darüber auf erheblich kleinerem Grundriß steht als der östliche Vierungsturm. Die Westapsis ist polygonal aus fünf Seiten des Achtecks gebildet, durch starke Vorlagen und Bögen vom Chor getrennt.

Die Ostteile sind mit Kreuzrippengewölbe überdeckt, bestehend aus kuppelig ansteigenden Kappen und schweren diagonal gestellten Gurten, die wir nicht ganz zutreffend "Bandrippen" nennen (Abb. S. 58). Um sie zu tragen, sind in den Winkeln Dienste angeordnet, dazu Vorlagen für die Schildbögen. Die Gurtbögen und Vierungsbögen, z. T. auch die Schildbögen, sind leicht zugespitzt. Für alle Gliederungen einheitlich wählte man das glatte, sich friesartig verkröpfende Polsterkapitell mit reich profiliertem Kämpfergesims und behielt beides für Pfeiler und Vorlagen auch im Langhaus bei. Auf Bauornament verzichtete man fast ganz.

Die Querarme sind karg und streng. Allein die reich und sehr unterschiedlich profilierten Fenster, die sich an den Stirnseiten zu Gruppen ordnen, sind ihr Schmuck. Von der Vierung waren sie von Anfang an durch Schrankenmauern getrennt (Abb. S. 56). Die kapellenartige Isolierung der Querarme hat Worms mit vielen romanischen Domen, Stifts- und Klosterkirchen gemeinsam - nur ist sie hier wegen der kleinen Grundfläche besonders spürbar. Allein der Chor ist seitlich durch eine schlanke profilierte Blendarkatur (Abb. S. 54) ausgezeichnet, mit z. T. ornamentierten und skulptierten Lisenenfüßen (Abb. S. 55). Das mächtige Achteck des Vierungsturmes ist in zwei Zonen durch Nischen gegliedert: unten im Wechsel mit den Trompen (Eckübeleitungen), oben sechzehn einen Kranz bildend. Die Fenster im Gewölbe führen auf eine Zwerggalerie (Abb. S. 58).

NORDQUERHAUS, Westwand. Über der Arkade zum Seitenschiff reich verziert die Öffnung zum Dachstuhl vielleicht für eine erste, tragbare Orgel zur Begleitung der Klerikerchors bestimmt.

Kompliziert und vielgestaltig ist die Gliederung der Mittelschiffwände (Abb. S. 48, 49). Die Gewölbe, die denen der Ostteile ähnlich sind, aber durch die Profilierung der Rippenunterseite eleganter und fortschrittlicher wirken, ruhen hier auf Halbsäulen (Gurte) und Rechteckvorlagen (Rippen und Schildbögen). Sowohl an den Vierungspfeilern als auch am westlichen Chorbogen treten wieder Dienste als Rippenträger auf, außerdem auf der Südseite bei dem vierten Pfeiler von Westen (Kanzel), wo die Halbsäule durch einen Pfeiler mit zwei begleitenden Diensten ersetzt ist.

Der Gleichklang der Formen - Polsterkapitelle und profilierte Kämpfer - und Horizontalgesimse - überdeckt zunächst den fundamentalen Unterschied der Gliederung von Nord- und Südwand bereits im Ostjoch. Auf der Nordseite (Abb. S. 46, 45) liegen Arkadenbögen und Pfeilerstirn nicht in eine Ebene. Die Bögen springen zurück, womit Platz für eine breite Pfeilervorlage wird, die ungehemmt von den Zwischenpfeilern aufsteigt und die Obergadenfenster umfassende Blendbögen trägt im Sinne einer die Geschosse übergreifenden Kolossalordnung. Das teilende Horizontalgesims verkröpft sich nicht und liegt nur der Wandebene auf. Das Relief der Gliederung tritt kräftig vor.

Auf der Südseite (Abb. S. 47, 44) springen die Arkadenbögen nicht zurück, folglich gibt es auch keine geschoßübergreifende Blendarkatur. Im Gegenteil: das Horizontalgesims schließt das Arkadengeschoß ab, verkröpft sich von Anfang an um die Vorlagen und betont die Zweigeschossigkeit. Darüber allerdings beginnen flache Blenden mit Kantenprofil, die die Fenster rahmen. Sie erinnern an die Blenden des Chores. Da die Fenster wegen der Gewölbe zusammengerückt sind, gilt dies auch für die Blenden, die nun nicht mehr axial über den Arkaden liegen. Es lag nahe, in diesem von Geschoßteilungen bestimmten System die nackte Zwischenzone, hinter der die Seitenschiffsdächer liegen, mit einem eigenen Motiv zu beleben: kräftig profilierte Blenden, zunächst zwei pro Joch, dann vier, dann zwei Doppelblenden, die das Motiv des Bogenfrieses anklingen lassen, zuletzt ein echter Bogenfries mit Lisenen, wobei die große Blende nicht mehr übergreift, sondern auf das Fenstergeschoß beschränkt bleibt und sich eine echte Dreigeschossigkeit herausbildet.

Insgesamt erscheint das plastische Relief der Nordseite bei den Vorlagen ausgeprägter als auf der Südseite, wo wiederum das Eintiefen in die Mauermasse deutlicher ist. Die Mächtigkeit von Pfeilern und Vorlagen gegenüber dem sie umgebenden Raum bestimmt den Charakter dieser Architektur.

Das ist besonders bei den schmalen Seitenschiffen (Abb. S. 50, 51) spürbar. Die rundbogigen Gurte der einfachen Gratgewölbe ruhen auch hier auf Halbsäulenvorlagen, die aber nur an den Außenwänden Pfeilerrücklagen besitzen. Hier sind auch die Schildbögen gestuft. Abgesehen von den Aufbrüchen für die gotischen Kapellenanbauten ist die Fensteranordnung der Südseite unregelmäßig, weil hier schon immer Gebäude anschlossen: die romanische Nikolauskapelle und der Kreuzgang.

Das westliche Chorjoch (Abb. S. 68) hat wegen der seitlichen Türme keine Fenster. Die weit vorspringenden, gestuften Vorlagen von Chor- und Apsisbogen bilden zugleich das Tragegerüst für den offenen Chorturm. Hier treten erstmals die Zickzack-Motive auf, die für die Westanlage so typisch sind. An den Seitenwänden des Chors rahmt eine große Blende eine Reihe kleinerer Blenden, die in Verbindung mit einer steinernen Stitzbank als reich gegliederte Rückwand für die Klerikersitze zu deuten sind (Abb. S. 70).

Gestufte Bögen (Trompen) leiten zum steilen Schacht des Chorturms über, der durch flache Blenden mit getreppten Bögen sehr leicht wirkt (Abb. S. 59). Das rippenbesetzte Schirmgewölbe kann man an den Schildbögen gut erkennen. Zur überwältigenden Raumschöpfung wird dieser Turm aber erst durch das Zusammenspiel mit der Westapsis, die er im Grundmotiv der Wölbung und polygonalen Brechung - nicht im Detail - hoch schwebend zu wiederholen scheint.

Einzigartig ist auch die Westapsis selbst in der Kombination von Radfenstern - einem Fassadenmotiv - und Brechung des Polygons: In der Mitte, relativ weit unten, als beherrschendes Motiv eine große Speichenrose, größer als die entsprechende Seite, weshalb die jetzt überschneidenden Dienste früher treppenartig um sie herumgeführt waren (Abb. S. 69), dann neben und über ihr fünf verschiedene Rosetten kreisend, zwei davon als seitliche Blenden (Abb. S. 52, 68). Die drei oberen Rosen haben maßwerkartig ausgeschnittene Steinplattenfüllungen, ein hier sehr früh auftretendes Motiv. Die Langseiten des Polygons haben - vom Chor her nicht sichtbar - normale große Fenster, die das Licht hinter dem dunklen Raumschacht eintreten lassen, wodurch die Rosengruppe wie entrückt erscheint. Unten bilden portalartig reich gestufte und dekorierte Nischenblenden eine plastische Sockelzone. Das Klostergewölbe über horizontalem Gesims ist mit Rippen versehen, die auf den Diensten ruhen.

Das äußere des Domes entfaltet seine eindrucksvollsten Ansichten von Osten und Westen, während die Langseiten dahinter zurücktreten, obwohl sie die Portale aufnehmen. Die von den Rundtürmen eingefaßte Ostfront mit Giebel (Abb. S. 20, 26, 27), die vielleicht schon dem Burcharddom zu eigen war, ist ein uraltes Motiv und ist in den Darstellungen des frühen und hohen Mittelalters immer wieder stellvertretend für Stadt und Stadttor der Himmelsstadt, das künftige Jerusalem, zu finden. Wie bei den antiken Anlagen dieser Art verbindet eine Zwerggalerie die beiden Türme. Es muß offenbleiben, ob Anspielungen dieser Art oder nur die rein ästhetisch-architektonische Gestaltung für die Erbauer (Geistlichkeit und Architekten) im Vordergrund standen. Die Aufgabe wurde hier jedenfalls in klassisch ausgewogener Weise gelöst. Zarte profilierte Lisenen und Bogenfriese gliedern Türme und Fassade in einem dialektischen Zusammenspiel der Geschosse. Die tiefen, reich gegliederten Buchten der drei Fenster - die seitlichen ehedem mit weit zurückliegenden Anschlägen für das Glas - korrespondieren mit dem die Mauer aushöhlenden Gang der Galerie. Diese gehört zu dem in Speyer begründeten oberrheinischen Typ, der sich ganz nach außen öffnet mit quergestellten, kleinen Tonnengewölben über Steinbalken (Abb. S. 33). Tiere auf den Fensterbänken und Tier- und Kopfkonsolen unter den Säulen der Galerie bereichern die strenge Architektur. In der Fernwirkung tritt der achtseitige, ebenfalls galeriegeschmückte Vierungsturm als bekrönendes Element hinzu.

Es ist auffällig, daß die Feingliedrigkeit der Ostfront an den Stirnseiten des Querschiffs nicht fortgeführt wird (Abb. S. 30, 31). Statt Lisenen sind es mächtige Kantenpfeiler, und die einzigen Bogenfriese in Traufhöhe sind tief, gestuft und schwer. Die offenbar absichtlich gröbere Formensprache ist deutlich vernehmbar. Hier sind die reich profilierten Fenstergewände einzige Schmuckmotive.

Von den Langseiten hat vor allem die nördliche ihr ursprüngliches Aussehen bewahrt. Das Seitenschiff ist sehr einheitlich und aufwendig mit profilierten Lisenen, Bogenfriesen sowie großen Bogenblenden geschmückt, dazu tiefe, mit Stufe und Wulst versehene Fenstergewände (Abb. S. 34).

Im vierten Joch von Osten liegt das Nordportal (Abb. S. 35) mit seinem durch Säulen und Stufen gegliederten Gewände. Vorzüglich gearbeitetes Akantuslaub ziert die Kapitellfriese, bei denen Blattmasken und Adler zusätzliche Akzente bilden (Abb. S. 1, 17 u.l.). Die Schildbogen, seitliche Bogenansätze über Pfeilervorlagen und das Traufgesims unter den Fenstern deuten auf eine gewölbte Vorhalle mit seitlichen Jochen wie das kleine Paradies in Speyer hin, die jedoch nie ausgeführt, ja vermutlich schon aufgegeben war, als das Portal errichtet wurde. Statt dessen wurde nachträglich über dem Portal eine Rahmung mit frei vor der Wand stehenden Säulen angebracht, die man knickte, um sie wie Knaggen im Holzbau an die statisch tragende Mauer zurückzuführen. Dies wie das Ornament passen zum Westbau. Der Bogen und der unbekannte Abschluß sind zerstört. Hier war bis 1689 in Bronze gegossen das lateinische Privileg Kaiser Friedrich I. von 1184 als eherne Urkunde eingelassen. Als Erinnerung daran hat man 1981 ein stilisiertes Kaiserbild (Bildhauer Gustav Nonnenmacher) und eine gekürzte deutsche Inschrift angebracht, wobei der Anspruch, der sich aus der Geschichte ergibt und die Konkurrenz mit den romanischen Formen Probleme aufwerfen mußten.

Auf dem glatten Bogenfeld und über den Bogenansätzen erkennt man eingemeißelt Heiligenscheine, z. T. auch Umrisse eines gemalten Figurenprogramms mit den Hauptheiligen des Doms.

Die Obergadenwände übernehmen weder die Einheitlichkeit noch das Prinzip der Seitenschiffe. Korrespondierend mit dem Vertikalsystem innen sind es auf der Nordseite breite, lisenenartige Bänder zwischen jedem Fenster, auf der Südseite werden dagegen entsprechend der inneren Jochteilung immer zwei Fenster zusammengefaßt. Die flachen Blendbögen des Seitenschiffs treten am Obergaden der Südseite im zweiten Joch von Osten auf, im Norden dagegen erst ab dem vierten Joch.

Am freiliegenden Ende des Südseitenschiffs hat sich die prächtige, dreigeschossige Wandgliederung des Kreuzgangs (Abb. S. 4) und seines Obergadengeschosses erhalten, dazu das Portal. Gewölbt wurden diese Räume, die fast den Eindruck einer Palastarchitektur erwecken, wohl erst bei der gotischen Erneuerung, daher die überschneidungen.

Die Westgruppe (Abb. S. 21, 40) gehört zu den unvergeßlichen Architektureindrücken des Abendlandes. Die Bindung an das basilikale Langhaus wirkt wie gelöst. Folglich erscheint das Polygon der Westapsis wie ein isolierter Zentralbau mit Zeltdach, hinter dem auf erstaunliche, kaum nachvollziehbare Weise hochgehoben ein zweiter, nun wirklich achtseitiger Baukörper ganz ähnlicher Art sichtbar wird, der Chorturm. Der Gleichklang von Zwerggalerien, Steindächern mit wuchtigen Gaupen und Knäufen verstärkt diese Wirkung (Abb. S. 37). Den Rundtürmen, die über den sichtbaren Stümpfen der Burcharddomes stehen und nun bewußt mit den Polygonen kontrastieren, kommt optisch die Aufgabe zu, wie mächtige Pfosten das Gebilde zu halten und einzurahmen. Wie ein zusammenfassendes Band ist die Galerie des Chorturms als begehbarer Gang um sie herumgeführt, wiederum ein einzigartiger Gedanke.

Die Apsis (Abb. S. 41) ist fast genau so wie innen gegliedert, sogar die Dienste an den Kanten erscheinen hier, freilich ohne Funktion. Seitlich am Ansatz kann man erkennen, daß man die Fenster des alten Turms nicht schließen und zugleich ein abgesetztes Altarhaus bauen wollte. Die Kelchblockkapitelle (Abb. S. 17) mit breiten, glatten Blättern haben ganz die Polsterform verlassen. Man nannte sie bisher "straßburgisch", wird sie nun wohl eher "wormsisch" nennen dürfen. Auch außen geht aber der stärkste Eindruck neben der Gesamtanlage von der dem Poygon fast aufgezwungen, ein Eigenleben führenden Gruppe der Radfenster aus. Das additive Grundschema der Anlage mit den sich dennoch gegenseitig steigernden Baukörpern waltet auch hier, gleichsam bildhaft ausgebreitet.

Die Steinhelme der Westtürme stammen aus dem 15. Jahrhundert (Abb. S. 39). Ob sie ältere oder solche aus Holz ersetzten, ist unbekannt. Romanisch sind die beiden über Westchor und Chorturm, ersterer wurde 1906/07 erneuert und war ursprünglich bis auf die unteren Schichten aus verputztem Tuff (Abb. S. 37).

Der Bauvorgang des romanischen Doms

Wie bei vielen früh- und hochmittelalterlichen Kirchen gelingt es auch in Worms nur schwer, die wenigen Schriftzeugnisse mit dem Bauwerk selbst zu verknüpfen. Über den Bauvorgang, seinen Beginn und seinen endgültigen Abschluß schweigen sie ganz. Beobachtungen am Steinschnitt der Mauern und den zahlreichen Variationen der Einzelformen erlauben jedoch Rückschlüsse wenigstens auf den Ablauf der Bauarbeiten.

Man begann mit dem Ostchor, offenbar im Bereich des Nordostturmes. An dieser Stelle war man den anschließenden Mauern immer ein Stück voraus, mindestens wenige Steinlagen, vielleicht aber auch viele Meter. Scharfe Zäsuren im Verband sind nicht festzustellen. Vermutlich nahm man auch bald die Querarme in Angriff, zuerst den nördlichen, dann den südlichen einschließlich der Vierung. Darauf folgte das östliche Doppeljoch des Langhauses, denn es gehört ganz zu diesem ersten, die gesamten Ostteile umfassenden Bauabschnitt. Westlich davon, hart neben den Gewölbevorlagen, durchzieht beidseitig eine gut ablesbare Baufuge die Hochschiffwände von den Arkaden bis zum Kranzgesims außen. Hier stand auch eine provisorische Abschlußmauer, deren Fundament man bei den Grabungen fand. Sie erlaubte den gottesdienstlichen Gebrauch der Ostteile nach deren Vollendung. Westlich davon blieb vermutlich zunächst das Langhaus des Burcharddomes stehen.

Das Vorauseilen der jeweils nördlichen Hälfte dieses Bauabschnittes kann man an der Ostfront gut ablesen. Während der Nordturm ganz die Geschoßteilung der Chorwand durch Gesimse übernimmt, weicht der Südturm von der Galerie an ab durch Streckung der Höhen. Auch die drei Fenster variieren die Gewände, in dem das südliche die kleinteiligste, aber auch gleichförmigste Profilierung zeigt (Abb. S. 27). Im Inneren unterscheiden sich die beiden Längswände des Chores durch die Höhenlage eines Rücksprungs, auf dem die Schildbogenvorlagen ruhen. Ist er im Norden aber zufällig, so erscheint er im Süden konsequent auf die Gliederung bezogen.

Am auffälligsten ist aber der Unterschied des Wandaufrisses zwischen Nord- und Südseite des Mittelschiffes (S. 82), der bereits hier im ältesten Teil des Langhauses klar zutage tritt. Man könnte auch ihn baugeschichtlich deuten, doch ist dabei zu bedenken, daß schon die beiden Vierungspfeiler (Abb. S. 53, 58) auf die abweichenden Systeme hin angelegt sind, man also sehr frühzeitig, schon beim Bau des Querhauses damit rechnete. Dahinter scheint also eher eine bewußte Variationsabsicht als ein fließender Planungsprozeß zu stehen.

Zu diesem Bauabschnitt gehört auch der Vierungsturm, während man den Ausbau der Osttürme in den oberen Geschossen, zumindest in dem obersten und den steinernen Helmen einer späteren Phase überließ (Abb. S. 20). Die Baugeschichte des Langhauses ist umstritten. Die unterschiedliche Anlage des Systems der Mittelschiffswände und der Wechsel der Einzelgliederung von Joch zu Joch fordern zu baugeschichtlichen Hypothesen mit vielen Planwechseln heraus. Kautzsch nahm einen im Ganzen von Ost nach West gerichteten Vorgang an, bei dem aber im einzelnen zunächst die Südseite den Vorrang hatte und die Nordseite nachfolgte. Nach deren Vollendung sei dann der letzte Teil der Südarkade von West nach Ost errichtet worden. Die Erklärung für den permanenten Formwechsel sah er in einem unentschiedenen, zögernden Architekten, der stets zu neuen Lösungen zu kommen versuchte, diese aber alsbald wieder aufgab. Krause versuchte dagegen die Formen entwicklungsgeschichtlich zu ordnen und gelangte so zu dem Schluß, daß zunächst die Westtürme erneuert und so der alte von dem neuen Bau umklammert wurde. Dann sei das Langhaus eingefügt worden, wobei am Ostende der Seitenschiffe die jüngsten Formen zu finden seien, womit er einen Bauverlauf von West nach Ost andeutet.

Auch eine erneute Untersuchung hat zwar nicht alle Fragen klären können, aber doch Hinweise für einen Bauvorgang von Ost nach West erbracht. Zunächst baute man - wie üblich - die Seitenschiffsmauern, wobei die südliche wohl voranging. Sie entstand wegen der Anbauten - Nikolauskapelle und Kreuzgang - in Abschnitten. Die nördliche konnte dagegen bis zur Pfalz in einem Zuge errichtet werden. Bei den Mittelschiffswänden behielt man den unterschiedlichen Aufriß des Ostjochs auf ganzer Länge bei, freilich mit vielen Variationen. Die Nordmauer hat nur im letzten Joch eine Baunaht, während auf der Südseite nach jedem Joch, als jeweils westlich der Gewölbevorlagen, eine solche zu finden ist, was einer Ausführung in Abschnitten entspricht. Ob beide gleichzeitig sind, konnte nicht geklärt werden, weil sich die Steinmetzzeichen unterscheiden, doch spricht vieles dafür.

Wie die Variationen der Fensterformen in den Ostteilen und am Obergaden des Langhauses wird man den ständigen Wechsel des Aufrißsystems zwischen Nord und Süd und von Ost nach West, der so bei keinem anderen Großbau zu finden ist, als bewußte Freude am Reichtum der Formen hinnehmen müssen, dem in Regeln Denkenden ein Ärgernis, doch Ausdruck eines starken, fast ungebändigten Gestaltungswillens.

Bei den ersten Planungen für den Westchor hatte man zunächst an etwas Anderes gedacht, von dem wir uns aber keine Vorstellung mehr machen können. Die ausgeführte Lösung mit polygonaler Apsis, Radfenstern, steilem Chorturm und den mit ihm verwachsenen Rundtürmen, zusammengebunden durch die umlaufende Zwerggalerie, stellt etwas Einzigartiges dar und ist oft als Höhepunkt der spätromanischen Baukunst gewürdigt worden.

Ihr Charakter ist durchaus wormsisch, aber die Einzelformen unterscheiden sich stark von denen des Langhauses. Man darf daraus auf einen Wechsel von Architekt und Steinmetzen schließen. So einheitlich wie das ganze Konzept wirkt, so ist es doch ebenso planerisch gewachsen wie der übrige Bau. Apsispolygon und Chorturm gehören dabei eng zusammen, wobei letzterer in seiner Innengliederung neue, von der Apsis deutlich abweichende Akzente setzt. Daraus folgt, daß er im Äußeren ganz bewußt einerseits an das ältere Vorbild des östlichen Vierungsturmes anschließt, andererseits die Details des Chorpolygons darunter einbezieht und daher wie dessen hochgehobene Wiederholung wirkt (Abb. S. 36, 37). Insgesamt wird so der Eindruck großer Einheitlichkeit von Ost nach West erzielt.

Das gilt auch für die beiden Rundtürme, die entgegen der herrschenden Meinung ganz sicher den Abschluß des Bauablaufs bildeten. Der erhaltene Südwestturm (Abb. S. 38) greift das Formengut der Ostteile als bewußte Stilangleichung sehr viel konsequenter auf als der Mittelturm, nicht nur mit seinen profilierten Bogenfriesen und Lisenen, sondern auch bei den Kapitelle, denen man nur mit einiger Erfahrung ansieht, daß hier Älteres imitiert wird. Einzig die Kleeblattbögen der Galerie und die gestaffelten Bögen der Schallarkaden verraten die relativ späte Entstehung. Im Inneren ist der Turm etwa doppelt so hoch wie außen ablesbar aus der Zeit Burchards erhalten. Man hat ihn also außen offenbar "geschält", dünner gemacht und neu verblendet und gegliedert, vielleicht um die seitliche Neigung zu korrigieren: ein insgesamt erstaunlicher Vorgang.

Als letztes vollendete man die Osttürme, denen man in den Formen der spätesten Romanik das oberste Geschoß, das zunächst wohl nicht vorgesehen, sondern durch die hohen Westtürme erforderlich geworden war, und die Steinhelme mit ihren mächtigen steinernen Gaupen aufsetzte. Die für Worms so charakteristischen durchbohrten Steinknäufe mit geknickten Stegen bilden wohl nur etwas nach, was aus vergoldetem Holz auch sonst üblich war.

Zur Datierung des romanischen Doms

Das Problem einer gesicherten Datierung des Wormser Domes ist in der Forschung immer wieder diskutiert worden, ohne einer eindeutigen Lösung zugeführt zu werden. Das ist für ein Hauptwerk der romanischen Baukunst Deutschlands, ja Europas, sehr bemerkenswert, geht es doch dabei nicht nur um eine Frage von lokaler Bedeutung, die nur wenige Spezialisten interessiert, sondern um das Bild einer ganzen kunst- und architekturgeschichtlichen Epoche in der Region zwischen Mainz und Basel. Ist der Dom das reife Produkt einer langen Entwicklung oder steht er am Anfang einer Epoche, die wir als Spätromanik bezeichnen, und wann beginnt diese?

Bisher mußte die schriftliche Überlieferung mit den auf stilgeschichtlichem Wege gewonnenen Erkentnissen in Einklang gebracht werden. Da letztere naturgemäß keine exakten Ergebnisse liefern können, hing und hängt es vom persönlichen Standpunkt des Forschers ab, wie er die historischen Nachrichten für sich in Gebrauch nimmt.

Nach dem von Rudolf Kautzsch in seiner großen Monographie 1938 erarbeiteten Gerüst aus Daten und Stilvergleichen, das die Mehrzahl der Forscher akzeptierte, galt die Weihe von 1181 nur den Ostteilen, die demnach um 1171 begonnen wurden, während für das Langhaus die Zeit bis 1200 und für den Westchor 1230/30 in Anspruch genommen wurde. Dagegen versuchte der Wormser Stadthistoriker F. M. Illert die Weihe von 1110 auf die Ostteile zu beziehen, was sich aber mit dem stil- und formengeschichtlichen System kaum in Einklang bringen ließ. Damit waren die extremen Positionen mit fast einem dreiviertel Jahrhundert Differenz fixiert, zumal auch das frühe Datum Verfechter fand. H.-J. Krause (Berlin/Leipzig) versuchte zu vermitteln durch Detailvergleiche mit Frankreich und Sachsen und schlug als Bauzeit 1140/50 bis 1181/92 vor. Bei allem spielte die Verknüpfung des Neubaus mit der Regierung bestimmter Bischöfe sowie Folgerungen aus der Benutzbarkeit des Domes eine Rolle. Durch Parallelen aus der Geschichte anderer Dome wissen wir jedoch, daß beiden Argumenten keine Beweiskraft zukommt.

In dieser Situation kam die Forschung ein naturwissenschaftliches Verfahren der Holzbotanik zu Hilfe: die Dendrochronologie. Dabei ergibt die Abfolge dicker und dünner Jahresringe bei Bäumen der gleichen Holzart aus der derselben Region ein so charakteristisches Bild, daß man den Anfang Wachstums und - sofern der Rindenbereich ("Waldkante") erhalten ist - auch das Fällungsdatum genau ermitteln kann. Bei Fehlen des Splintholzes kann man es zumindest schätzen. Außerdem hat man beweisen können, daß Bauholz stets frisch verarbeitet wurde. Man findet es zumeist nicht in den immer wieder verbrannten und erneuerten Dachstühlen, sondern Überreste abgesägter Gerüstriegel in den dafür belassenen Löchern der Mauern. Das frisch in den Mauern verbaute Holz ergibt so eine fast naturwissenschaftlich exakte Datierung, womit für eine Kunstgeschichte oft erst die Probleme beginnen. Auf Veranlassung des Verfassers ließ Diözesanbaumeister Dr. P. Schotes in Worms alle erreichbaren Hölzer bergen, die von E. Hollstein (Trier) datiert werden konnten. Es handelt sich um sechs aus der oberen Zone der Ostteile, insbesondere des Südquerarmes, die alle in der Zeit zwischen 1132 und 1137 geschlagen und verbaut wurden. In der nördlichen Mittelschiffsmauer wurden über den Arkaden bzw. unter den Fenstern drei Gerüstriegel gefunden, die zwischen 1161 und 1163 dorthin gelangten.

Damit ist der Baubeginn des Domes spätestens 1130, vermutlich sogar schon um 1120/25 anzusetzen, was eine grundsätzliche Korrektur der mehrheitlich vertretenen Forschungsmeinung notwendig macht. Worms knüpft nun unmittelbar an den unter dem letzten salischen Kaiser Heinrich V. abgeschlossenen Umbau des Domes in Speyer (Bau II) an. Die Nordarkade des Langhauses ist offenbar ziemlich in einem Zuge errichtet worden, und 1161/63 baute man die Zone unter den Fenstern. Eine längere Unterbrechung der Arbeiten ist kaum anzunehmen. Die Fuge im Mittelschiff ist nur deshalb deutlich abzulesen, weil man die Ostteile vollendete und die Seitenschiffmauern wenigstens zum Teil errichten mußte, ehe man an dieser Stelle den Bau fortsetzen konnte. Für die oberen Teile des Querhauses mit Einwölbung, östliches Langhausjoch, Vierungsturm und Seitenschiffmauern mit Arkadenreihe ist die Zeitspanne von 1137 bis 1161, also etwas mehr als 20 Jahre, durchaus angemessen, wenn auch nicht gesichert.

Von der Beantwortung dieser Frage, also der vermuteten Dauer einzelner Arbeiten, hängt es ab, ob man die Weihe 1181 auf den ganzen Bau, mit Westchor und Türmen bezieht oder nur auf den Abschluß des Langhauses. Manche der spätesten Formen würde man lieber erst gegen 1200 oder danach ansetzen als vor 1181, doch wird man dieses Problem kaum einer endgültigen Lösung zuführen können. Die Bestattung Bischof Konrads II. († 1192) im Westchor setzt zwar die Auflassung des alten Westaltares voraus, kann aber dennoch auf einer Baustelle erfolgt sein. Seit der vollständigen Erneuerung von 1906/07 ist auch nicht mehr mit Holzfunden in der Westapsis zu rechnen.

Die Kapitelle und Kämpfer der geknickten Säulen, die die nachträglich eingesetzte Ädikula über dem Nordportal (Abb. S. 35) trugen, weisen enge formale Beziehung zur Westanlage, insbesondere zum Chorturm auf. Hier war die Bronzetafel mit dem berühmten Kaiserprivileg von 1184 angebracht. Das wäre ein Hinweis auf die frühe Entstehung des Westchores, wenn wir wüßten, wann das Privileg in Erz gegossen wurde und die nicht erhaltene Tafel entstanden ist. Immerhin muß man nun sehr ernsthaft mit der Möglichkeit rechnen, daß Westchor und Chorturm schon 1181 so weit vollendet waren, daß man dort einen Altar weihen konnte.

Die kunstgeschichtliche Stellung des romanischen Domes

Die mit diesem Thema zusammenhängenden Fragen können hier nur angedeutet werden. Mit seinen schweren Mauermassen, dem Reichtum und der Fülle seiner plastischen Formen, die den Raum fast zu erdrücken scheinen, mit der Rippenwölbung zwischen zugespitzten Gurten, mit seinen charakteristischen Einzelformen aus vorzüglichen Quaderwerk galt der Dom bisher als ein Hauptwerk der oberrheinischen Spätromanik. Seine stilistischen Voraussetzungen wurden in den kleineren Bauten des Elsaß gesucht, für den Westbau auch in Straßburg, Trier und Lothringen. Von dem großen, unmittelbar benachbarten Kaiserdom in Speyer schien er um viele Jahrzehnte getrennt. Schon früh, insbesondere als man auch diesen noch für staufisch hielt, hatte man in ihm das Vorbild für Worms erkannt, nicht nur in der sechstürmigen Gesamterscheinung, sondern vor allem im östlichen Vierungsturm und dem Aufriß der nördlichen Mittelschiffswand. Nur Worms und Mainz haben sich ja mit dem Speyerer Mittelschiff auseinandergesetzt und bilden somit dessen einzige Nachfolge. Das neue, gut begründete, frühe Datum 1120/30 für den Baubeginn verändert unser Bild. Der Wormser Dom schließt jetzt zeitlich fast unmittelbar an den Speyerer an, dessen zweite Bauphase wohl mit dem Tode Kaiser Heinrich IV. 1106 weitgehend abgeschlossen gewesen sein mag, aber sich mit der Vollendung von Vierungsturm und Osttürmen bis zum Tode des letzten Saliers, Heinrich V., 1125 hingezogen haben mag. Nun wird das Anknüpfen an das Vorbild verständlicher weil aktueller, aber auch die Veränderungen im Sinne einer bewußten Korrektur sind für uns aufschlußreicher.

Am deutlichsten ist die Beziehung bei der nahezu exakten Kopie des Vierungsturmes, bei dem die Einzelmotive gedrungener erscheinen und außen zwar nicht die Lisenen, aber die Rundbogenfriese profiliert sind. Ferner ist hier das Gewölbesystem der Ostteile mit seinen Band- (Gurt-)rippen zu nennen. In Speyer erscheinen diese in den Querarmen und galten bisher als Reparatur nach dem Brand von 1159. Da sie in ihrer technischen Durchbildung altertümlicher als die Wormser wirken, müssen sie nun wohl noch der 2. Bauphase am Anfang des 12. Jahrhunderts zugerechnet werden, wovon die Tatsache einer nachträgliche Planung unberührt bleibt. Sie gehören damit zu den ältesten in Europa. Worms und St. Marien in Utrecht folgen in den 30iger Jahren des 12. Jahrhunderts unmittelbar nach.

Speyerisch ist - wie gesagt - auch das Aufrißsystem der Nordseite (Abb. S. 46) des Mittelschiffs, insbesondere im ältesten Ostjoch. Freilich werden Halbsäulen nur an der Jochgrenze unter den Gurten und Rippen angeordnet. Die Wandschichtung wird reduziert, dafür aber Basen und Kämpfer verkröpft. Das Hauptgesims dagegen zieht sich wie das in Speyer, das noch vom ersten Bau (1030/61) stammte, nicht um die Vorlagen herum. Die Fenster sind zusammen - und höher hinaufgerückt, alle Gurte sind nun spitzbogig. Auch für die auf Betonung der Zweigeschossigkeit angelegte Gliederung der Südseite (Abb. S. 47), die von Kautzsch so sehr als Irrweg bedauert wurde, stammt die Idee aus Speyer. Es handelt sich um ein nicht ausgeführtes Projekt, dessen Spuren am Bau 1960 nachgewiesen werden konnten. Es wäre erstaunlich gewesen, wenn man diesen aufgegebenen Plan ein halbes Jahrhundert später in Worms noch gekannt hätte, aber nun, bald nach der Vollendung Speyers, gewinnt dies an Wahrscheinlichkeit. Die beiden Langhauswände stellen die beiden Möglichkeiten gewissermaßen gegenüber.

Über das Genannte hinaus dürften so wohl die Grundhaltung der anschaulich dargebotenen Mauermasse wie auch viele Einzelformen - Fenstergewände, Zwerggalerie, Polsterkapitell - auf unmittelbare Eindrücke aus Speyer zurückgehen. Sie alle sind weiterentwickelt, vereinfacht und systematisiert. Das ist die eigentliche Leistung des oder der Architekten in Worms; denn dadurch wurde die komplizierte Speyerer Formenwelt in relativ wenige, addierbare Vokabeln übersetzt, die dann die Sprache der Spätromanik am Oberrhein bilden sollten. Dazu gehört z. B. der an den Kanten profilierte Bogenfries mit Lisenen (Abb. S. 33) und gebogenen Profilenden (Abb. S. 72 u. l.). Der Dom prägte viel mehr als Speyer eine ganze Architekturlandschaft, über die engere "Wormser Bauschule" hinaus. Der Einfluß reichte über die Wetterau nach Hessen (Fritzlar, 1194), Unterschwaben (Maulbronn, 1168) und bis weit ins Elsaß hinein.

Jene Landschaft kann nun nicht länger als Quelle des Wormser Formengutes angesehen werden. Darf der berühmte Chor von Murbach (undatiert) noch allenfalls als herbere, archaischer wirkende Parallele zum Wormser Ostchor gelten, so sind die kleineren, zumeist rustikaleren Kirchen wohl später entstanden, entweder bereits unter Wormser Einfluß oder unabhängig als elsässische Variante in der gemeinsamen oberrheinische Architekturlandschaft. Straßburg mit den Ostteilen seines Münsters ist da nicht auszunehmen.

Gänzlich ungeklärt bleibt die Frage nach der künstlerischen Herkunft des Westchores. Der Hinweis auf den lothringisch-trierischen Raum ist fast nutzlos und kann allenfalls die Polygonalität der Apsis meinen, die hier übrigens weit früher als an den nordfranzösischen Kathedralen auftritt. Das gedankliche Spiel mit der Analogie zu Chorturm

DIE SILBERKAMMER zwischen Ostchor und Nordquerarm, unten 11. Jahrhundert, oben 13. Jahrhundert, Fenster 18. Jahrhundert.

und Vierungsturm, also ein immanenter Prozeß, dürfte hier wichtiger gewesen sein. Der Chor der Zisterzienserkirche Otterberg, bei dem auch ein Polygon mit einem angeschnittenen Radfenster kombiniert wird, ist auf Grund der Datierung der Fundamente durch Holzfunde auf 1168 in überraschende zeitliche und formale Nähe gerückt.

Mit dem Wormser Dom beginnt - das bleibt als Ergebnis festzuhalten - die spätromanische, oft "staufisch" genannte Eporche am Oberrhein und das weit früher als bisher angenommen.

Die Jahrhunderte nach der Vollendung. Anbauten, Veränderung, Zerstörung und Wiederaufbau

Das 12. Jahrhundert hat zwar dem Dom seine endgültige Gestalt gegeben, doch haben die nachfolgenden Jahrhunderte wie bei allen großen Kirchen das Bild bereichert. Wir greifen nur das Wichtigste heraus.

Die Silberkammer (Abb. S. 12), im Winkel zwischen Chor und Nordquerarm, Schatzkammer und Reliquienhort des Domes, war als Baukörper des 11. Jahrhunderts unverändert und in den Neubau übernommen worden. Das ist von außen an dem Kleinquaderwerk gut zu sehen. Um die Mitte des 13. Jahrhunderts erhöhte man den Bau, gab ihm neue, sehr einfache Fenster und wölbte ihn über einem

DIE GOTISCHEN KAPELLEN DER SÜDSEITE aus dem 14. Jahrhundert (St. Anna, St. Georg).

DIE ÄGIDIENKAPELLE (jetzt Marienkapelle) der Nordseite aus dem späten 15. Jahrhundert.

schlanken Bündelpfeiler in der Mitte ein. Zur Lösung der Gewölbeprobleme verwendete man Rippendreistahle, die zusammengesetzt im Grundriß einen Stern bilden, vermutlich den frühesten in Deutschland. Die Einzelformen weisen auf eine Verbindung zur phantasievollen Werkstatt des Mainzer Westlettners und damit auf den weiteren Umkreis des Naumburger Meisters hin. Leider ist der schöne Raum, mit dem die Gotik ihren Einzug in den Wormser Dom hielt, durch Einbau eines Kellergewölbes reduziert und durch barocke Schränke, die zu seiner Funktion gehören, als Ganzes nicht mehr wahrnehmbar.

Auch den zweiten aus dem Burcharddom übernommenen Anbau, die kleine Nikolauskapelle an der Südseite, erneuerte und vergrößerte man gegen Ende des 13. Jahrhunderts. Dazu mußte man das neue Südportal wieder abbrechen und es nach Osten in die gleiche Achse wie das Nordportal verlegen, was mit einer prachtvollen gotischen Neugestaltung verbunden wurde. Das genaue zeitliche Verhältnis von Portal und Kapelle, die 1920/27 wie der Westchor niedergelegt und erneuert wurde, läßt sich nicht mehr bestimmen.

Die Nikolauskapelle (Abb. S. 64, 65) ist ein schöner, zweischiffiger Hallenraum mit schlanken, feinprofilierten Diensten und Rippen sowie Rundpfeilern als Freistützen. Das innere Schiff besitzt ein Chorpolygon aus drei Seiten des Achtecks. Die Maßwerke der Fenster mit Dreistrahl, Bogendreieck und spitzen Lanzetten knüpfen an das Formengut der Straßburger Westfassade an. Der ungewöhnlich weiträumige und aufwendige Neubau fällt ganz aus dem Rahmen der üblichen Kapellenanbauten und deutet auf die besondere Funktion dieses Raumes. Er war mit seinem Westteil mit dem Osttrakt des Kreuzgangs verwachsen und trat außen nur um $1^{1/2}$ Joche nach Osten vor (Abb. S. 24, 25). Daher rührt die ungleichmäßige Fensterform,. Bei dem Wiederaufbau 1920/27 versuchte man die Wunde zu schließen durch Fortsetzung der Fenster und Verlängerung des Baus, nicht bedenkend, daß man damit die Geschichtlichkeit der Ästhetik opferte. Neu ist auch das kleine Portal, dessen Tympanon jedoch gotisch ist und das ehemals zum Kreuzgang führte.

Für das neue Südportal (Abb. S. 45), das ebenfalls aus dem Schulzusammenhang der Straßburger Hütte stammt, wählte man eine völlig neuartige Lösung. Hatten schon Kreuzgang und Nikolauskapelle das Südseitenschiff dunkel, ja finster werden lassen, so durfte hier nicht auf das Fenster verzichtet werden, was bei einem aufwendigen, großen Portal kaum möglich war. So baute man ein "Fensterportal". Die Nische mit Gewände, Archivolten und Wimperg rahmt nun ein Maßwerkfenster, das unten zum Portal wird, mit einem fast rahmenlosen Tympanon und darauf aufstehende Maßwerkpfosten. Seitlich wurde es von einem Strebepfeiler mit Fiale und Skulpturenschmuck begrenzt. Erst später wurde dieser zur Mauer der Annenkapelle und die dort eingesetzten romanischen Fragmente gelangten ins Innere.

Im ersten Viertel des 14. Jahrhunderts folgten Anbauten zwischen Portal und Südquerhaus (Abb. S. 13, 25) die Annen- und die heute zweijochige Georgskapelle, die ursprünglich wohl aus zwei Kapellen bestand. Insgesamt ist diese Erweiterung genau parallel an den Nachbardomen in Speyer und Mainz zu verfolgen. Trotz einer gewissen Einheitlichkeit sind Fensterformen und oberer Abschluß verschieden.

Sehr viel später, etwa zwischen 1480 und 1485, wurde auf der Nordseite entsprechend die zweijochige Ägidienkapelle (jetzt Maria geweiht) angefügt (Abb. S. 13, 30, 64). Man vermutet in ihr ein Werk des späteren Straßburger Hüttenmeisters Hans Hammer. Nur wenige Details und die geschweiften, ornamentalen Maßwerkformen verraten die späte Entstehungszeit und die 150 Jahre, die sie von den Kapellen der Südseite trennen.

1429 stürzte der nördliche der beiden Westtürme ein als Ursache anzunehmen sind, scheint fraglich, weil man beim Wiederaufbau den Turmstumpf des 11. Jahrhunderts wiederum unverändert stehen ließ. Obwohl die Existenz einer bischöflichen Bauhütte mit ihrem Werkmeister immer wieder durch Quellen belegt ist dauerte es doch bis 1472, also mehr als 40 Jahre, bis zur Ausführung. Diese ist ein Musterbeispiel pietätvoller Anpassung an den vorgegebenen Bestand, um die Einheit des Baus zu wahren. Historisierend, würden wir sagen und - soweit Rekonstruktion nach Zerstörungen eine Aufgabe der Denkmalpflege ist - ein früher Beleg für diese Haltung; denn trotz Verwendung einiger zeitgenössischer Details entstand kein typischer Turm der Spätgotik. Nicht nur die Geschoßteilung übernahm man, wenn auch ohne Bogenfriese sondern auch die Lisenen und die Zwerggalerie, deren Maßwerknasen in den Kleeblattbögen des Südturmes vorgebildet waren. Die Vertikalgliederung behielt man freilich bis oben bei und ließ sie in aufgeblendeten Fialen enden (Abb. S. 38). Die Schallöffnungen orientieren sich mehr an den Osttürmen und zeigen Kielbögen ganz ähnlich wie der ebenfalls im 15. Jahrhundert wiederhergestellte westliche Mittelturm in Speyer. In der Nachbarschaft zum Obergaden im 2. gotischen Geschoß erscheint ein perfekt imitiertes romanisches Fenster, das so groß sein konnte, weil der Turm keine Wendeltreppe erhielt. Sein Steinhelm wurde auch auf den Südturm übertragen, ob als Erneuerung oder Neuschöpfung, ist unbekannt.

Die planmäßige Zerstörung der Pfalz, 1689 als neue Strategie vom französischen König eingeführt, betraf auch Worms und seinen Dom. Die drei mittleren Gewölbe des Mittelschiffs wurden eingerissen. Das brennende Holz des eingestürzten Dachstuhls, der Gestühle, Orgel, Ausstattung und des in den Dom geborgenen Hausrats richtete schwere Schäden am Mauerwerk an, besonders in dem Westchor, den Langhauspfeilern und Querarmen. Dennoch war die Zerstörung nicht so umfangreich wie im gesprengten Langhaus von Speyer. Erst 1698 kehrte das Domkapitel zurück, und der neue Bischof betrieb den Wiederaufbau - genau so schonend wie in Speyer. Die Profilsteine der Rippen wurden wiederverwendet, jedoch nachgearbeitet, um die Schäden zu beseitigen. Daher sind dort die Rippen über den breiteren alten Ansätzen schlanker. Die Schäden im Mauerwerk wurden verputzt, bemalt und erst im späten 19. Jahrhundert, vor allem aber zwischen 1906 und 1930 durch systematisches Auswechseln beseitigt.

Im 18. Jahrhundert erhielt der Dom allmählich eine neue, barocke Ausstattung von hoher Qualität, die sowohl 1792 von den Revolutionstruppen als auch vom purifizierenden 19. Jahrhundert mangels Geld geschont wurde. Von Reparaturen dieser Zeit abgesehen, setzte eine umfassende Restaurierung des Doms erst 1906 mit der Niederlegung, Neufundierung und dem Wiederaufbau des Westchores ein, eine große Leistung der Denkmalpflege. Obwohl es stets heißt, dies sei mit dem alten Steinen geschehen, gilt das im vollen Umfang nur für das Äußere mit Ausnahme der Steindachs, im Inneren nur für die oberste Partien. Wegen der zerstörten Steine ist der untere Teil innen fast vollständig neu, wenn auch getreu nach Befund. Nur die Dienste neben der Rose wagte man aus statischen Gründen, vielleicht auch wegen der Unsicherheit des Befundes, nicht in die alte verkröpfte Form zu bringen (Abb. S. 63), was inkonsequent war und zu bedauern ist. Die Auswechselungen im Langhaus und Querhaus, oft in riesigen Flächen, sind steinmetzmäßig so vorzüglich, daß selbst der Fachmann oft alt und neu nicht trennen kann. Zu diesen Maßnahmen gehörte auch die Neuerrichtung der Nikolauskapelle 1920/27.

Der Steinhelm des östlichen Vierungsturms (Abb. S. 36) ist eine freie Erfindung von 1907 und ersetzte ein geschiefertes Zeltdach des 19. Jahrhunderts, das wiederum die geschweifte Haube aus der Zeit nach 1689 abgelöst hatte. Ein bleigedecktes Zeltdach dürfte das ursprüngliche gewesen sein.

Im zweiten Weltkrieg brannten noch 1945 die Dächer des Domes ab, ohne Schaden für das Innere. Die Erneuerung des Äußeren erfolgte 1961/67, ohne wissenschaftliche Begleitung und oft mit großen Problemen wegen der nicht mehr ohne weiteres verfügbaren, handwerklich gut geschulten Steinmetzen.

Das Innere wurde 1977/81 erneut gereinigt und wurde, wo der Stein zu schwarz oder in den Ostteilen zu gelb war, mit einer vorsichtig lasierenden Tönung versehen. Die Fenster wurden erneuert.

Form und Inhalt

Der Wormser Dom zählt neben denen von Mainz und Speyer zu den drei "Kaiserdomen" am Rhein, doch ist dieser Begriff erst am Ende des vorigen Jahrhunderts geprägt worden, als man in dem mittelalterlichen Kaisertum den Vorläufer der wilhelminischen Zeit sah. Dennoch spiegelt der gewaltige Bau Vorstellungen jener großen Epoche. Am deutlichsten glaubte man sie in dem eigenartigen Gegenüber zweier Chöre zu erkennen, als stünden sich hier Kaisertum und Papsttum, weltliche und geistliche Macht, gegenüber. Das ist sicher falsch, weil beide Chöre dem gottesdienstlichen Gebrauch vorbehalten waren: der östliche mit der Vierung als Hauptchor von Bischof und Domkapitel, der westliche für die besondere Verehrung des Laurentius, freilich auch mit Sitzen für die Kleriker.

Die Deutung der Doppelchoranlage ist noch immer umstritten. Wir kennen sie aus der Spätantike und karolingischer Zeit (St. Galler Plan, Fulda, alter Dom in Köln), besonders aber aus ottonischer Zeit, sowohl bei Bischofs-

als auch bei großen Stifts- und Klosterkirchen, freilich mit fast ausschließlicher Beschränkung auf das alte römisch-deutsche Kaiserreich. In anderen Regionen bevorzugte man dagegen den eindeutig nach Osten gerichteten Typ, oft mit Chorumgang und Kapellenkranz. Offenbar verwendete man die Doppelchoranlagen je nach den Erfordernissen sehr unterschiedlich: in Bamberg war es ein Gegenüber von Bischofs- und Kapitelchor, in Naumburg gab es eine zweite Klerikergemeinschaft. Aus Worms ist darüber nichts bekannt.

Aus der Stellung der Altäre und ihrem liturgischen Gebrauch entwickelte sich eine Tradition, die so prägend war, daß man sie bei der Erneuerung im 12. Jahrhundert unverändert beibehielt, wie z. B. in Bamberg. Nicht die Wiederverwendung von Fundamenten war der Grund für die Bewahrung des Bautyps, sondern die an ihn gebundene liturgische Ordnung und Altaranordnung die nicht willkürlich, sondern Abbild der Himmelshierarchie war. Erst mit dem Einbruch der Gotik ging man z. B. in Köln neue Wege.

Für uns ist der Sinn des mittelalterlichen Doms kaum mehr verständlich. Das Gehäuse, der Bau blieb erhalten, aber sein Inhalt, der gottesdienstliche Gebrauch, hat sich vollkommen verändert. Eine Gemeinde gab es nicht, auch wenn Laien im Mittelschiff den verschiedenen Messen beiwohnen konnten. Der Dom war Bischofs- und Stiftskirche für das Domkapitel, und nur das. In ihm vollzog sich die Liturgie als Abbild göttlicher Ordnung auch ohne die Anwesenheit einer Gemeinde. Beide Chöre waren hinter hohen Lettnern den Blicken entzogen. Von diesen schrankenartigen Einbauten mit Brüstung und Bühne herab wurden Epistel und Evangelien verlesen.

Predigten waren selten. Bänke für eine Gemeinde gab es nicht. Altäre standen nicht nur in den beiden Hauptchören, sondern auch in den kapellenartig isolierten Querarmen und vor dem östlichen Lettner im Langhaus. Auf ihn war die Grablege der Salier bezogen. Außerdem darf man ihn als Altar für die Laien ansehen, der vermutlich dem Hl. Kreuz geweiht war, weil er unter dem Triumphkreuz stand. Weitere Altäre kamen im Langhaus durch neue Stiftungen hinzu. Auf sie weisen die zahlreichen Spuren von Wandbildern hin. Sie standen in den Seitenschiffen oder an den Pfeilerleibungen. Jedem Altar war ein Priester zugeordnet, dem auch die Einkünfte aus der Stiftung als Lebensunterhalt dienten. Man glaubte, die Heiligen seien durch die ihnen geweihten Altäre präsent, so daß sie mit den Lebenden vereint eine Gemeinschaft der Anbetung bildeten, Gegenwart und Zukunft miteinander verbindend.

Die Erweiterung durch Kapellen im 14. und 15. Jahrhundert bedeutet keinen grundsätzlichen Wandel, doch eine gewisse Reaktion auf eine veränderte Frömmigkeit mit einem individuelleren und intimeren Charakter, dem freilich nur begüterte Stifter so Ausdruck verleihen konnten; Familienkapellen für die private Andacht und Messe, Grablege, aber auch Repräsentation und Gedächtnis. Dem gesteigerten Bedürfnis nach bildhafter Anschaulichkeit der Heilsgeschichte gab man mit dem gotischen Figurenportal der Südseite nach. Zuvor hatte man den theologischen Inhalt des Baues nur durch gemalte Heiligenfiguren - kaum Szenen - und einige wenige skulpierte Bildwerke zum Ausdruck gebracht, von denen uns nur das Südportaltympanon und allenfalls das Julianrelief noch unmittelbar verständlich erscheinen.

HUND ODER WOLF zwischen Ranken. Ausschnitt aus einem Fragment ehemaliger Chorschranken (11. oder 12. Jh.).

Die romanische Erscheinung und Ausstattung des Doms

Von der romanischen, ja von der gesamten mittelalterlichen Ausstattung des Domes hat sich bis auf die fest mit dem Bau verbundenen Skulpturen fast nichts erhalten. Die beiden Lettner, kanzelartige Schrankenmauern, wurden als Folge der liturgischen Reform des Konzils von Trient (16. Jahrhundert) abgebrochen. Sie waren sicher geschmückt. Fragmente, die in die Zeit vor dem Neubau zurückweisen, fand man bei Grabungen. außer einem kleinen hölzernen Kruzifixus des 12. Jahrhunderts hat nichts den Feuersturm von 1689 und die anderen Verwüstungen überdauert, doch ist der Dom in späterer Zeit zur Heimat für obdachlose Kunstwerke geworden.

Relativ umfangreich sind die Spuren von romanischen Wandbildern, die zumeist ihre eingemeißelten Nimben und Bordüren zurückließen, z. B. - wie schon erwähnt - am Nordportal. Besonders beeindruckend ist das riesige Christophorusbild (Abb. S. 64) neben dem nordöstlichen Vierungspfeiler, im unteren Teil gänzlich zerstört und verbaut durch die Sängerbühnen. Bei ihm haben sich wenigstens Umrisse und Farben erhalten, die mit ihren z. T. intensiven Zinnobertönen eine Vorstellung von der Wirkung ermöglichen. Die Farbe sitzt ohne Putz auf dem Stein, ohne ältere Schichten darunter. Spuren weiterer Wandbilder sind in den Seitenschiffen, an den Pfeilern und - sehr merkwürdig

- am abgearbeiteten Kämpfer des 2. nördlichen Pfeilers von Westen erkennbar, wo Christus in einem halbfiguren Apostelfries zu sehen ist. Damit stellt sich die Frage nach der Erscheinung des Doms im Mittelalter. Farbige Raumfassungen verschiedener Epochen haben sich in der Gewölbezone nachweisen lassen, ohne ein jeweils geschlossenes Bild zu ermöglichen. Ungekannt ist, aus welcher Zeit verschiedene Rot- bzw. Rosatöne stammen, letztere im westlichen Chorturm. Sie würden zu vielen staufischen Raumfassungen des späten 12. und 13. Jahrhunderts (Maulbronn, Bamberg) passen, doch kommen sie im Langhaus nicht vor. Der Befund der direkt auf den Stein gemalten Wandbilder sowie auf dem Stein liegende weiße Begleitstreifen der Schildbögen mit ansetzender weißer Fugenmalerei auf dem Fugenmörtel legt die Vermutung nahe, der Dom sei ausnahmsweise steinsichtig mit weißen Fugen gewesen. Hell verputzt müssen außer Gewölben und Trompen des Chorturms nur der blinde Vierpaß bzw. Kreis im Scheitel des 2. Langhausjochs sowie die bogengerahmten Blendrosetten neben der Westrose gewesen sein, was 1977/78 versäumt wurde. Der heutige Zustand kommt dem mittelalterlichen im Gegensatz zu vielen anderen Kirchen möglicherweise sehr nahe. Ob er Farb- oder Grisaillefenster besaß, wissen wir nicht. 1259 wird von einer Verglasung berichtet, zu der vielleicht Farbbordürenfragemente (in Nürnberg) gehören mögen. Stellvertretend für das, was einmal vorhanden war, sind die beiden doppelseitig bemalten Tafeln, die in der großherzoglich hessischen Zeit von Worms in das Landesmuseum nach Darmstadt gelangten. Man weiß, daß sie aus der abgebrochenen Johanniskirche 1807 in den Dom kamen (Nikolauskapelle), wohin sie wegen des dargestellten Heiligen Petrus und Paulus innen, Stephanus und Nikolaus außen wohl auch ursprünglich gehörten. Die auf Goldgrund gemalten Figuren, schlanke, z. T. jugendliche Erscheinungen mit ausgeprägt zackigen, spitzigen, wild bewegten Gewandsäumen und Falten sind dem sogenannten "Zakkenstil" zuzuordnen, der eine Sondererscheinung der deutschen spätromanischen Malerei ist - mit regionalen Unterschieden. Die Tafeln sind wohl gegen 1250 entstanden und stellen somit frühe Exemplare der Tafelmalerei dar. Zwischenglieder zwischen Schrein und Altarretabel. Dafür spricht auch, daß die Innenseiten wie bei Schreinen getriebenes, mit Edelsteinen besetztes Goldblech imitieren. Es ist zwar denkbar, daß sie als Flügel zu dem verlorenen Mittelteil eines Wandelaltars gehörten, doch wegen der späteren Entstehung dieses Typs und wegen der Edelmetallimitation ist das eher unwahrscheinlich, so bleibt auch diese Frage offen.

Rechte Seite, rechts unten: CHRISTOPHORUS- (="Christusträger") -Bild neben dem Nordostvierungspfeiler (Ende 12. Jahrhundert, vgl. S. 54). Die Inschrift, eine Anrufung, ist durch Restaurierungen verfälscht: PER TE STRENA DATUR MORBI GEN(US) OM(NE) FUGATUR + AS(T)RA, FAMES, PESTIS CHRISTI; CHRISTOFORE TEST(TIS). Eine der frühesten der im Spätmittelalter verbreiteten großen Darstellungen des sehr volkstümlichen Heiligen.

Die romanische Bauskulptur

Es entspricht dem Charakter der plastisch durchgeformten Architektur des Domes, daß er als einer der ersten und in ungewöhnlichem Umfang Träger von Bauskulptur ist. Diese ist zwar auch an dem dafür beborzugten Ort, den Portalen, angesiedelt, nicht aber an und auf Kapitellen, sondern ganz ungewöhnlich unter den Basen der Zwerggaleriesäulen, auf Fensterbänken und an Lisenenfüßen. Anders als in Frankreich, gab es hier offenbar noch keinen kanonisch festgelegten Platz am Bau.

Unübersehbar sind die großen Löwen, Widder und die mit ihrem Jungen spielende Bärin auf den Sohlbänken der drei Fenster der östlichen Chorfassade (Abb. S. 17, 27, 71). Die Bärengruppe erscheint fast natürlich, während die Abstraktion der Löwen ihren gefährlich drohenden Charakter nur verstärkt. Inhaltliche Deutungen sind oft versucht worden: Abwehr des Bösen oder seine Überwindung durch die Kirche und ihren Herrn. Zweifellos lassen sich die meisten dieser Tiere und Fabelwesen auf biblische Texte, vor allem die Apokalypse, beziehen, wie etwa der Widder zwischen Löwen und satanische Antitrinität am Ende der Zeiten, hier freilich überwunden und in den Dienst der Kirche - Abbild der künftigen Gottesstadt - genommen. Ein geschlossenes theologisches Programm ergibt sich daraus aber nicht, weil nicht alles schriftlich zu belegen ist, z. B. die Bären und die Figuren unter der Galerie, darunter das antike Motiv des Dornausziehers und gekrönte Häupter. Gerade das vielschichtig Mehrdeutige dürfen wir aber als typisch mittelalterlich ansehen. Das Besondere in Worms: sie benutzten die Fensternischen als einen real gegebenen Aufenthaltsort und wirken darum so lebendig. In diese Gruppe gehören die Kopfkonsolen am untersten Bogenfries der Osttürme (Abb. S. 72). An eine Säule der Galerie (Abb. S. 73 r) angeheftet, erscheint schließlich eine Figur im kurzen Gewand, durch das Winkeleisen als Baumeister ausgewiesen, der ein Affe über den Kopf schaut. die Säule und beim Juliana-Relief im Ostchor die Lisene - als architektonische Glieder - sind Träger, aber auch Ausgangspunkt der Skulptur. Bezeichnend ist, daß die menschliche Figur archaischer wirkt als der bewegte Affe, vermutlich auf Grund der längeren Tradition für solche Tierdarstellungen.

Der Höhepunkt jener ersten Steinmetz- und Bildhauergruppe aber ist das Juliana-Relief (Abb. S. 73 l) mit seiner eigentümlich knappen, kräftigen und sicher beherrschten Formensprache, die bereits einen unverwechselbar wormsischen Akzent besitzt. Der Baugeschichte zufolge muß es spätestens um 1130 entstanden sein. Dazu ghören auch die beiden ornamentierten Lisenenfüße (Abb. S. 68); der südliche ist erneuert. Ansätze zu derart dekorierten Architekturgliedern gibt es auch in Speyer, aber in Worms ist das Ornament aus Halbpalmetten und dreisträhnigen Ranken streng geordnet und auf das Profil bezogen. Die Köpfe mit gespaltetem Bart und Zunge an der Stelle der Hornausläufe gehören formal in die Gruppe der oft vorzüglich gearbeiteten Eckverzierungen aus Löwen- und Widderköpfen (Abb. S. 72 u.).

Von den Bildhauern der Ostteile ist die jüngere Gruppe des Langhauses, die wohl schon vor 1160 tätig war, deutlich unterschieden, deutlicher als dies bei dem Gleichklang der Architektur zunächst zu vermuten wäre. Ihr verdanken

ADLERKAPITEL am Nordportal, rechtes Gewände.

KAPITELL vom Westchorturm (Worms-Straßburger Typ).

LÖWE, Original vom Ostchor.

Legende auf Seite 16 unten links

SAMSONS KAMPF MITDEM LÖWEN. Abguß einer Konsole aus dem westlichen Chorturm.

wir die Fragmente des Südportals (Tympanon und Danielgruppe), das Nordportal, das Nikolaustympanon sowie die Ornamentik im Südseitenschiff und Kreuzgang. Die kräftigen plastischen Formen, die Vorliebe für Löwen mit gewaltigen Rachen und ornamentalen Mähnen und manches andere Detail deuten Zusammenhänge mit der älteren Gruppe an, offenbaren aber zugleich den großen stilistischen Abstand, der mit einer gleichmäßigen Fortentwicklung nicht zu erklären ist. Woher diese gut geschulten Bildhauer kamen, ist unbekannt. Die erhaltenen Denkmäler sind lückenhaft, vielleicht erkennen wir auch gegebene Zusammenhänge nicht.

Den besten Eindruck des hochentwickelten Figurenstils vermittelt das Tympanon des alten Südportals (Abb. S. 71 o.), das um 1300 nach innen gewendet wurde, nicht wegen des Steinblocks, sondern anscheinend aus Achtung vor dem älteren Bildwerk und seiner Darstellung des herrschenden Christus, auch wenn man seitlich Figuren beschädigen mußte, wobei der Kopf des Petrus geschont wurde. Das Verständnis für einen organischen - nicht naturalistischen - Körperbau und Faltenwurf mit sehr differenzierter Linienführung und Modellierung paart sich mit plastischer Ausdruckskraft. Gleiches gilt für die Köpfe mit zarter Oberfläche, gerundeten Formen und leicht vortretenden Augen. die Faltenmodellierung kehrt in den Akanthusblättern wieder. Der thronende Christus ist gerahmt von Maria und Petrus, Nikolaus und kniend der Bischof, vermutlich der Bauherr. Die gleichen Stilmerkmale sind an dem kleinen Bogenfeld des vermauerten Portals zur Nikolauskapelle (Abb. S. 66 o) zu beobachten, wo der Heilige als Halbfigur zwischen kleinen Köpfen erscheint, die wohl seine Schüler darstellen, vielleicht ein Hinweis auf die geistliche Domschule.

Ebenso sorgsam ging man mit weiteren Fragmenten (Abb. S. 70) des Südportals um, die in der Westwand der benachbarten Annenkapelle vermauert sind. Da die Kapelle später als das gotische Portal errichtet wurde, stand dieser Teil der Mauer zunächst frei und bildete einen von Fialen bekrönten Strebepfeiler als Begrenzung der Anlage. Aus dem Steinschnitt geht hervor, daß die Gruppe nicht nachträglich, sondern gleich beim Bau eingesetzt wurde. Es kann sich daher nicht um Reste des im 17. Jahrhunderts abgebrochenen Lettners handeln, wie gelegentlich vermutet wurde. Beim Einsetzen bildete man ein kunstvolles Arrangement aus nicht zusammengehörigen Fragmenten, nicht ohne Beschneidungen und Abarbeitungen. Die großen Löwen passen zwar zum Thema, befanden sich aber ehedem entweder auch auf Fensterbänken über dem Portal oder an dessen Seite. Obwohl dreiviertel rund, sind sie doch keine Freiplastiken. Beim Bau der Annenkapelle nahm man auf sie Rücksicht und fing die Rippen nicht mit Diensten, sondern mit einer Konsole ab.

Das untere Relief stellt Daniel in der Löwengrube dar (Abb. S. 65 Einband Rückseite), den unter Gottes Schutz die Bestien wie brave Hunde belecken (Daniel 6, 23). Die Figur ist in die Doppelarkade so eingefügt, daß die Verzückung des Betenden zum Ausdruck kommt. Die Gesichtszüge zeigen selige Entspanntheit trotz der Gefahr. Ebenso vorzüglich gearbeitet ist das obere Relief, auf dem der Prophet Habakuk zu sehen ist, wie ihn der Engel am Schopf packt und so seinem Befehl, einen Topf mit Nahrung zu Daniel zu bringen, Nachdruck verleiht (aus der apokryphen Schrift "Vom Drachen zu Babel", 32-35). In der künstlerischen und steinmetzmäßigen Qualität lassen sich beide Reliefs mit den Bildhauerschulen Italiens und Frankreichs messen.

Bei dem erhaltenen Nordportal beschränkt sich der skulpierte Schmuck auf den wiederum perfekt gearbeiteten Kapitellfries (Abb. S. 1) mit Akanthusblättern, was bei dem geringen Umfang der Bauornamentik am Dom überrascht. Das antike Motiv der Blattmaske mit fein modellierten Gesichtern begegnet mehrfach blättergerahmt außen und voll entwickelt an der Tympanonrahmung innen (Abb. S. 72 o.), die merkwürdigerweise nicht das Äußere ziert. Es ist unwahrscheinlich, daß das Bogenfeld wegen des gemalten Programms gewendet wurde, was technisch sehr schwierig ist, sondern von Anfang an so montiert war, als Planwechsel oder auch aus Unverständnis; denn die versetzenden Maurer waren oft nicht mit den Bildhauern identisch, die vielleicht schon nicht mehr am Ort weilten. Die Adler über den Säulen des rechten Gewändes (Abb. S. 17), die in der Romanik oft eher als Tauben geraten, sind ein uraltes byzantinisches Motiv und keineswegs auf staufischen Kaiser zu beziehen.

Der Westchor ist noch einmal reich mit Bauskulptur (Abb. S. 32, 38 u.) ausgestattet, wobei sich wiederum die Frage nach der Kontinuität der Werkstatt am Ort stellt; denn es liegt ja die nicht unerhebliche Zeitspanne der Ausfüh-

DER DOMPATRON PETRUS auf einer Tafel (um 1240/50), vermutlich aus dem Dom stammend, danach in der Johanniskirche, jetzt im Landesmuseum Darmstadt. Teil eines zweiflügeligen (?) Altaraufsatzes (?). Innen: Petrus und Paulus, außen Nikolaus und Stephanus. Hintergrund und Rahmen, plastisch modelliert und vergoldet, imitieren bei den Innenseiten Werke der Metallkunst. Wegen der gebrochenen Säume und Falten nennt man diese Phase der deutschen Malerei "Zackenstil".

OSTTÜRME UND OSTCHOR MIT NORDQUERHAUS, im Winkel die Silberkammer. Blick vom Turm der Dreifaltigkeitskirche von Nordosten.

WESTCHOR UND WESTLICHE TURMGRUPPE von der alten Stadtmauer aus.

Ausschnitte aus den Bogenläufen des gotischen Südportals. Links: DER KINDERMORD ZU BETHLEHEM: König Herodes, ein Krieger und eine verzweifelte Mutter mit Kindern. - Rechts: DIE ARCHE NOAHS.

rung des Mittelschiffs dazwischen. In der stilistischen Haltung ist auch diese Gruppe trotz wormsischer Elemente klar von der vorangehenden zu unterscheiden. Trotz eines gesteigerten Formenrepertoirs und sehr phantasievoller Einzelbildungen ist mit dieser Gruppe der Höhepunkt schon überschritten. Vieles gerät ins Teigig-Quallige, die straffe Zügelung ging verloren. Im Äußeren ist in Analogie zum Ostchor der Platz der halbfigurigen Tiere und Menschen wieder unter den Säulen der Apsisgalerie, im Inneren am Auflager der gestuften Bögen des Chorturms.

Die gotischen Bauskulpturen

Trotz einer nicht zu übersehenden Verselbständigung bleibt auch die gotische Skulptur eng mit dem Bau verbunden. Ihr Ort ist das um oder nach 1300 neu geschaffene Südportal (Abb. S. 42, 43) mit seinem Tympanon, Gewände- und Annenkapelle. Bei deren Errichtung wurde ein Teil des Skulpturenschmucks, der vom Portal auf die Strebepfeiler übergriff, an den neuen Bauteilen wieder versetzt, dabei aber aus dem engen formalen Zusammenhang gerissen. Gewisse Auflösungserscheinungen des strengen inhaltlichformalen Aufbaus sind bereits durch die geistreiche architektonische Anlage gegeben. So stehen die dem Tympanon mit der Marienkrönung (Abb. S. 67.) - ein ab dem 13. Jahrhundert sehr beliebtes Thema - zugeordneten Propheten und Evangelisten in zwei Reihen übereinander fast wie Archivoltenfiguren. Die Archivolten selbst sind wiederum vom inhaltlichen Zentrum am weitesten entfernt. In ihnen werden zentrale Themen des Alten und Neuen Testaments einander zugeordnet, wie es der mittelalterlichen Theologie entsprach. Es handelt sich innen um die Schöpfungsgeschichte, links mit der Erschaffung der Welt, Erschaffung Evas, Vertreibung aus dem Paradies, Kain und Abel, Arche Noah, rechts Opferung Isaaks, die ehrne Schlange, Jonas, Himmelfahrt Elias und Ezechielvision. Dem entspricht außen links die Verkündigung, Geburt Christi, Darbringung im Tempel, Flucht nach Ägypten, Kindermord zu Bethlehem, Taufe Christi und rechts Geißelung Christi, Kreuzigung, Christus als Gärtner und Jüngstes Gericht.

Weiter außen erscheint unten, die "Frau Welt" (Personifikation sündiger Weltlichkeit, vielleicht auch als "Luxuria" zu deuten) mit ihrem von Kröten und Schlangen zerfressenen Rücken, sowie Synagoge (Judenkirche), die sonst bei Gerichtsportalen Gegenspielerin der Ecclesia, der triumphierenden Kirche ist. Diese reitet hier siegreich oben im Wimperg (Abb. S. 42 r) auf einem Mischwesen aus den Evangelistensymbolen. Insgesamt scheint das Programm verkürzt das miteinander zu verbinden, was an großen Kathedralfassaden wie Straßburg auf mehrere Portale verteilt ist: biblische Geschichte, Heilslehre und Weltschau mit einem zentralen Marienthema. Die fehlende Ausbreitungsmöglichkeit hat hier zu einer überraschenden Konzentration geführt. Straßburgisch ist auch der Stil dieser hochgotischen Skulpturen, die von sehr unterschiedlicher Qualität sind: vorzüglich fein gearbeitet und von erlesener Oberfläche die Archivolten und der Johannes im Gewände, ungelenk, ohne den weichen fließenden Duktus von Figur und Gewand z. B. der Markus daneben. Im Vergleich der Tympana wird der enorme Entwicklungsprozeß der Skulptur in den 150 Jahren deutlich, der unter dem Einfluß Frankreichs zur Gotik führte. Der Gewinn an Menschlichkeit und Naturnähe mußte freilich mit einem Verlust an Unnahbarkeit und Ausdruckskraft erkauft werden.

Die Bildwerke der Spätgotik

Heute beherbergt der Dom eine Reihe von spätgotischen Denkmälern, die zumeist aus dem Kreuzgang, aber auch aus anderen Kirchen stammen.

Der sogenannte "Dreijungfernstein" (Abb. S. 69) in der Nikolauskapelle stammt aus dem untergegangenen Frauenkloster Maria Magdalena, dem sogenannten "Bergkloster". Seine ehemalige Funktion ist unklar. Er hat zwar die Form eines Grabmals oder Epitaphs, doch handelt es sich bei den Dargestellten um legendäre Heilige aus dem Gefolge der hl. Ursula von Köln, Embede, Warbede und Willebede, bei denen die Umdeutung heidnischer Gottheiten vermutet wird.

Ein Altaraufsatz kann es auch nicht gewesen sein. Die elegant, aber mit reichen Stoffmassen in weichen Schüsselfalten und seitlichen Faltenkaskaden drapierten Jungfrauen geben sich so als im "weichen Stil", um 1420 entstanden, zu erkennen. Sie halten Märtyrerpalmen in den Händen, eine hohe Krone sitzt über einer großen kugeligen Stirn. Die rahmende Blendarkatur mit runden Bögen und geschweiften Wimpergen zeigt ein kräftiges Relief. Der mächtige, von vier aufrecht hockenden Löwen getragene Taufstein (Abb. S. 68) in der Nikolauskapelle ist wohl um 1485/90 entstanden und stammt aus der Pfarr- und Taufkirche St. Johannis, deren Nachfolge die Kapelle angetreten hat. Am Becken erscheint Johannes der Täufer zwischen Propheten, deren Schriftbänder mit einem wuchernden Astwerk verwoben sind. Formal wird damit auf die Wurzel Jesse angespielt. Damals beginnt das Spiel zwischen natürlichem Astwerk und wie Ästen wirkenden Rippenenden als eine Mode der Spätgotik. Satt auf einer oder zwei Stufen erhöht, steht er nach modernerem Empfinden vertieft, dazu von einem Mosaik (von. H. Hindorf) umgeben, das an Frühchristlich-Antikes anknüpfen soll.

Mit dem spätgotischen Neubau des Kreuzgangs und seiner Verbindung zur Nikolauskapelle einher ging seine Ausstattung, von der ein Teil gerettet und jetzt im Nordsei-

Relief aus dem ehemaligen Kreuzgang: Die Geburt Christi (1515). Oben: MARIA MIT DEM KIND. - Unten: Zwei Heilige aus der Umrahmung des Reliefs: KATHARINA UND EIN HL. ABT.

DIE WESTLICHE TURMGRUPPE VON SÜDOSTEN, davor die neuen Teile der Nikolauskapelle und der ehemalige Kreuzgangbereich.

SÜDQUERARM UND VIERUNGSTURM, DIE GOTISCHEN KAPELLEN (St. Anna und St. Georg). Die Nikolauskapelle mit ihrem ursprünglichen, aber erneuerten Teil, verdeckt das Südportal.

OSTCHOR UND SÜDOSTTURM. Unten der Sockel aus kleinen Steinen, der als Teil des Doms aus dem 11. Jahrhundert gilt. Die gerade Chorfassade zwischen Rundtürmen.

OBERER TEIL DER OSTCHORFASSADE UND TÜRME. Zarte profilierte Lisenen und Bogenfriese im Kontrast zu Galerie und Fenstern, die alle verschieden sind. Auf den Sohlbänken in freier Bewegung Löwen, Widder, Bären.

tenschiff des Domes aufgestellt (Abb. S. 50) ist - viel zu tief für den Betrachter; der bogenförmige Abschluß sämtlicher Reliefs deutet an, daß sie hoch im Gewölbebereich saßen und die Schildwand mehr oder weniger füllten.

Ihre Zweckbestimmung ist unklar. Sie haben einige Hauptszenen aus dem Leben Jesu kombiniert mit Heiligen zum Inhalt wie bei Retabeln üblich, waren aber wie Epitaphien angebracht, ohne diesen Zweck erkennbar zu machen. Bildwerke zur Andacht und zur Ausstattung des Kreuzgangs mit Hinweis auf den Stifter wird man vermuten dürfen.

Das Älteste ist die Verkündigung von 1487 (Abb. S. 62) unter breitem astwerk- und figurengefüllten Kielbogen und seitlichen Fialen, davor Baldachinnischen mit Heiligen, deren Köpfe z. T. überarbeitet sind. Die eindrucksvolle Gruppe wiederholt ein Vorbild in Speyer, ist aber sehr viel derber als dieses, wenn auch nicht ohne eigenwilligen Charakter der Köpfe.

1488 ist dann die Wurzel Jesse (Abb. 75, 78) datiert, eigentümlicherweise mit einer Inschrift aus lateinischen, nicht gotischen Buchstaben, was noch gänzlich unüblich war und mit frühhumanistischen Bestrebungen des Stifters Bischof Johann v. Dalberg erklärt wird. Es handelt sich um den Stammbaum Christi mit seinen Vorfahren, aus dem Jesse hervorwachsend. Die Büsten, das Astwerk und das frei hinterarbeitete, distelig spitze Rankenlaub sind von hervorragender Qualität. Links erscheint kniend der Stifter vom Dompatron Petrus, der sich aus seiner Figurennische hervorbeugt, an Maria empfohlen. Links steht der heilige Hieronymus, die Figuren rechts sind neu bzw. ergänzt. Als Bildhauer wird Conrad Seyfer (Sifer), ein Werkmeister des Straßburger Münsters, vermutet, so daß wir hier der Nachfolge der vorzüglichen oberrheinischen Tradition begegnen, die von dem berühmten Niclas Gerhaerts von Leyden begründet wurde.

Einem Mitglied der gleichen Sippe, Hans Seyfer, wird die 1488/91 entstandene Grablegung (Abb. S. 74, 78 o.l.) zugeschrieben, das von gleicher Qualität, aber durch Ergänzungen (z. B. Kopf des Stifters), teilweise entstellt ist. Hier kommt Worms die ganze Kraft und Fülle der oberrheinischen Bildhauerkunst der Spätgotik zugute.

Künstlerisch deutlich schwächer ist die Darstellung der Auferstehung, die ebenfalls 1488 gestiftet wurde. Durch das ungewöhnliche Motiv, bei dem Christus aus dem geschlossenen Sarkophagdeckel steigt, erfährt die Aussage der wirklichen Überwindung von Tod und Materie eine überraschende Steigerung.

Erheblich später, nämlich 1515 nach der verschwundenen, aber überlieferten Inschrift, entstand das Relief der Geburt (Abb. S. 77). Der reine Rundbogen und die antiken Profile der Renaissance mischen sich mit spätgotischen Baldachinen. Gleiches gilt von den geflügelten Renaissanceputten, dem rahmenden Wolkenband, die ein Engelkonzert darstellen und spätgotischen Engeln und Figuren der Anbetung. Die auch handwerklich von höchster Perfektion ausgeführte Arbeit wurde verschiedenen Meistern zugeschrieben, wobei vor allem in Köpfen neue Motive sichtbar werden, die älteres Formengut reaktivieren. Lieblichkeit und Feinheit sind Stichworte, die zu frühen Phasen der Gotik passen. Der Hintergrund ist ins Relief übersetzte Malerei.

Die Ausgestaltung des Domes im 18. Jahrhundert

Die Trierer und Mainzer Erzbischöfe, die das Bistum mitverwalteten, halfen dem verarmten Domkapitel durch Stiftungen, die die Verluste von 1689 nach und nach ersetzten. Auf eine umfassende Barockisierung des Domes verzichtete man wie in Mainz, aus Geldmangel oder Achtung vor dem Bestehenden. So kam es zu der einzigartigen Symbiose aus Romanik und Spätbarock (Abb. S. 59). Der veränderten Frömmigkeit und Liturgie trug man mit den Mitteln, die in der süddeutschen Gegenreformation entwickelt worden waren, Rechnung durch sinnenfreudige Entfaltung von Pracht. 1720/30 wurden zunächst die seitlichen Sänger- und Orgelbühnen in den Querarmen eingefügt. 1738/42 folgte der großartige Hochaltar nach dem Entwurf Balthasar Neumanns und mit den Figuren des J. W. von der Auwera. Außer Engeln und Putten handelt es sich um die Apostelfürsten Petrus und Paulus (Abb. S. 48, 56, 57, 58).

Das Motiv der freistehenden Säulen, die in der Mitte eine Exedra um den Hochaltar bilden, war natürlich im Kontext einer barocken Wandgestaltung entwickelt worden, wurde aber hier einer romanischen Apsis mit höchster Meisterschaft eingefügt. Nur och zitathaft erscheinen Gebälk- und Gesimsteile. Den Zusammenhang bilden Figuren, Kartuschen und Ornament, das zu dem freien Volutenbaldachin überleitet. Es handelt sich um die letzte Stufe in der Entwicklung des barocken Hochaltars.

Zur barocken Chorbühne aber wird das Ganze erst durch das kostbare Gestühl von 1755/59 (Abb. S. 56), die den Erlöser und die Mutter Gottes aufnehmen, geschaffen von Mainzer Künstlern. 1715 war bereits die Kanzel (Abb. S. 49) im Mittelschiff angebracht worden. Von den Grabmälern und Epitaphien sind vor allem die beiden im Westchor (1580/1769) zu nennen, wobei sich das jüngere offenbar auf das ältere bezieht. Die Figuren an den Mittelschiffspfeilern (1754/1773) gelangten erst im 20. Jahrhundert an diese Stelle und stammen aus der Johanniskirche.

Ausblick

Noch immer und vor allen Dingen dient der Dom als Kirche, wenn auch nicht so, wie seine Erbauer es gewohnt waren, und in einer vollkommen anders gearteten Welt. Er ist heute eine Pfarrkirche mit einer lebendigen Gemeinde, die ihn mit neuen Kunstwerken ausstattet, um nicht nur mit der Vergangenheit zu leben, was auch eine schwere Bürde bedeutet. Den meisten Besuchern mag der Dom nur Kunstwerk und Geschichtsträger sein, vertraut und zugleich fremd in unserer heutigen Welt. Dennoch rührt der mächtige Bau auch den distanzierten Betrachter unmittelbar an und zwingt zur Ehrfurcht, nicht nur als Kunstwerk, sondern durch seinen unmittelbar erfahrbaren Sinn als Gotteshaus. Diesen besser zu verstehen, diente der Gang durch seine Geschichte.

DER DOM VON SÜDEN in seiner ganzen Längserstreckung. Osttürme und Vierungsturm sind höher und mächtiger als die Westtürme, die als Gruppe ein Gegengewicht bilden. Die Nikolauskapelle, seit 1930 mit hohem Dach, und das anschließende Kreuzgangareal liegen links, westlich. Die Bäume zeigen den Standort der Johanniskirche. Der Westchor ist durch Türme vom Langhaus isoliert, sucht aber mit dem steilen Dach die Firsthöhe des Mittelschiffs. Die hellen Steinpartien zeigen die Auswechselungen von 1961/67.

NORDQUERARM MIT SPÄTGOTISCHER ÄGIDIEN-, JETZT MARIENKAPELLE. Bei der Dreiergruppe der Fenster in der Stirnwand weicht das obere in der Form ab. Tiefe, reich gegliederte Gewände zeigen die Mauermasse, kräftige Pfeiler sichern die Kanten.

SÜDQUERARM. Die Asymmetrie ist durch das aus der Achse gerückte Portal mit dem Rundfenster darüber verursacht - beides war offenbar bezogen auf die Johanniskirche. Unterschiedlich auch hier die Gewände der Fenster, darüber der weit vortretende Bogenfries.

ZWERGGALERIE DES WESTCHORES (Südseite). Die Bündelsäule markiert den Ansatz des Chorjochs. Die Bögen sind hier flach, die Steinbalken, auf denen auch sie ruhen, sind Teile der Bögen ebenso wie die ornamentierten Kämpfer über den Kapitellen, die einheitlich dem wormsisch-straßburgischen Typ angehören. An den Basen halbfigurige Fabelwesen und Menschenköpfe.

ZWERGGALERIE DES OSTCHORS, deren Bögen (bzw. quer gestellte Tonnengewölbe) auf deutlich abgesetzten, profilierten Steinbalken ruhen. Unter den Basen Halbfiguren - Löwen, Bären, Menschen, sogar ein "Dornauszieher" -, deren inhaltliche Deutung ungeklärt ist. Über den profilierten Bogenfriesen und Zahnbändern Gesimse, die antike Formen nachahmen (Eierstab und Kymation) wie in Speyer.

DAS LANGHAUS VON NORDOSTEN mit der westlichen Dreiturmgruppe, unten das Nordportal mit der gleichmäßigen Gliederung des Seitenschiffs, an dessen Ende die Spuren der rechtwinkelig anschließenden Bischofspfalz zu sehen sind. Oben der Obergaden des Mittelschiffs mit den auffällig wechselnden Fensterumrahmungen.

DAS NORDPORTAL mit den Ansätzen einer nicht ausgeführten Vorhalle. Darüber die wie eine Ädikula geformte Umrahmung für das in Bronze gegossene Kaiserprivileg von 1184. Die aus statischen Gründen geknickten Säulen und Kapitelle aus der Zeit des Westchors verweisen auf eine nachträgliche Einfügung. Die Ergänzung von 1981 - Kaiserbild, deutsche Texttafel und Bogen - stammen von dem Bildhauer Gustav Nonnenmacher.

DER ÖSTLICHE VIERUNGSTURM erhielt sein Steindach erst 1907. Der Ausschnitt des südlichen Obergadens zeigt auch hier wechselnde Formen bei Fenstern und Bogenfriesen.

DER WESTLICHE CHORTURM, darunter Dach und Zwerggalerie des Westchors. Im Vergleich wird deutlich, daß die Form des Chorpolygons vom Vierungsturm angeregt ist, aber durch gestaffelte Verdoppelung großartig gesteigert wird. Das untere Steindach 1907 erneuert, ursprünglich aus verputztem Tuffstein.

WESTLICHE TURMGRUPPE VON SÜDOSTEN. *Beim Südwestturm sind die Bögen der Galerie kleeblattförmig und die Lisenen und Bogenfriese profiliert.*

DIE GALERIE DES WESTCHORES *(Südwestseite). Drachenartige Bestien erscheinen typisch wormsisch an den Basen. Die flachen Blenden in der Rückwand waren niemals offene Fenster.*

WESTTURMGRUPPE VON NORDOSTEN. Der Nordwestturm stammt von 1472, also aus der Spätgotik, was allenfalls an den Fenstern, Fialen und Einzelformen der Galerie zu bemerken ist. Das Fenster unten im Turmschaft kopiert offenbar die benachbarten romanischen Fenster des Obergadens.

WESTCHORPOLYGON MIT TÜRMEN. Beim Südwestturm ist der Stumpf aus dem 11. Jahrhundert zu erkennen, darüber die im 12. Jahrhundert erneuerte Außengliederung. Die enorme Steilheit der Gesamtanlage überrascht.

WESTCHORPOLYGON MIT CHORANSATZ, daneben die Aussparung für die Treppenfensterchen des Turmes. Die gar nicht so großen Mauermassen werden durch das tiefe Relief der Fenster und Blendnischen hervorgehoben. Der vollständige Neuaufbau von 1906/07 ist wegen der überwiegend alten Steine nicht zu bemerken.

Linker Bogenlauf, SZENEN DES NEUEN UND ALTEN TESTAMENTS.

Linkes Gewände, die Evangelisten MARKUS UND JOHANNES.

AUSSCHNITTE AUS DEM SÜDPORTAL:
Wimperg: ECCLESIA (die Personifikation der Kirche) reitet auf einem Tier, das mit vier verschiedenen Beinen und vier Köpfen die den Evangelisten zugeordneten Wesen (Engel, Stier, Löwe, Adler) in einem einzigen vereinigt. Dieser sogenannte "Tetramorph" ist die einzige bekannte skulpierte Darstellung des Themas, bei dem das in den Evangelien überlieferte Wort Gottes nicht nur als Fundament der Kirche verstanden wird, sondern als Reittier auf dem Weg zu Christus. Von den Bogenläufen (links oben) zeigt der Ausschnitt Szenen aus der Schöpfungsgeschichte: die Erschaffung Evas, Vertreibung aus dem Paradies sowie Kain und Abel, die solchen aus der Kindheit Christi: Geburt, Darbringung im Tempel und Flucht nach Ägypten ganz im Sinne der mittelalterlichen Theologie gegenübergestellt werden, wodurch das Alte Testament durchgehend als Hinweis auf Christus gedeutet wird.

DAS GOTISCHE SÜDPORTAL zwischen dem Chor der Nikolauskapelle (links) und der Annenkapelle (rechts). Der Skulpturenschmuck bezieht die Kapellen mit ein als Wegbegleitung zum Portal. Die auffällige Verbindung der kleinen Tür mit dem großen Fenster darüber steigert die Wirkung, bietet Platz für ein großes Skulpturenprogramm und bewahrt die Belichtung des Inneren.

MITTELSCHIFF, SÜDSEITE, 3. bis 5. Joch von Osten mit Blick nach Westen. Jedes Joch mit unterschiedlicher Gliederung der Zwischenzone bei gleichem Gesamtaufbau. Die Horizontale wird betont, das Wandrelief ist zart mit profilierten Übergängen.

MITTELSCHIFF, NORDSEITE, 2. bis 5. Joch von Osten mit Blick nach Westen. Auch hier wird das gegensätzliche System bis zum Ende durchgehalten. In den letzten Jochen fehlen die Blenden der Zwischenzone. Das Gesims zieht sich nur um die Gewölbevorlage herum. Die Vertikalbetonung bleibt erhalten. Das Wandrelief ist kräftig, aber mit scharfen Kanten und Stufen.

MITTELSCHIFF, NORDSEITE, 1. und 2. Joch von Osten mit übergreifender Blendgliederung. Das Gesims über den Arkaden ist nicht um die senkrechten Gliederungen herumgeführt. Die Nischen im zweiten Joch formen die Wand der Zwischenzone: aus zwei werden drei Geschosse.

MITTELSCHIFF, SÜDSEITE, 1. bis 3. Joch von Osten mit durchgehend horizontaler Geschoßteilung, flache Blenden nur über dem Gesims, das um die Vorlagen herumführt. Zwischenzone mit flachen Blenden, im 2. Joch zwei, im 3. vier. Rundblende im Scheitel des 2. Jochs. Der Pfeiler hinter der Kanzel von 1715 als einziger mit zwei Diensten.

DAS MITTELSCHIFF MIT BLICK ZUM WESTCHOR und Nordarkade. Die Rippengewölbe steigen kuppelartig an. Spitzbögen erscheinen nur bei Schild- und Gurtbögen, dort durch den Wiederaufbau des 18. Jahrhunderts gemildert. Im 4. Joch hing über den Arkaden eine vermutlich gotische Schwalbennestorgel (wie in Straßburg und in Bamberg), die 1689 verbrannte. 1985 fand die neue Orgel hier wieder ihren Platz.

DAS MITTELSCHIFF MIT BLICK ZUM OSTCHOR und Südarkade. Die barocke Ausstattung - Kanzel, Haupt- und Seitenaltäre - ist vollkommen integriert. Die barocken Pfeilerfiguren stammen aus der Johanniskirche.

NORDSEITENSCHIFF NACH OSTEN. Die Außenmauer mit den spätgotischen Kreuzgangreliefs. Der Wand sind Pfeiler und Halbsäulen vorgelegt, die Gewölbe und Gurte tragen. Die Schildbögen sind gestuft.

NORDSEITENSCHIFF NACH WESTEN mit der mächtigen Pfeilerreihe, der man den Stützenwechsel nicht anmerkt. Nur Halbsäulenvorlagen. Gratgewölbe mit rundbogigen Gurten. Die Pfeiler mit schweren Polsterkapitellen und reich profilierten Kämpferplatten.

DER WESTCHOR. Die Rosen scheinen hinter den stark vorspringenden Pfeilern zu schweben. Ihre farbige Verglasung führte P. Weigmann (1980) aus. Sie fügt sich durch ihre Zurückhaltung besonders gut ein. Die lichte Öffnung des Chors ist gegenüber der Breite des Mittelschiffs schlank und steil. Das Relief der Mittelschiffsgliederung ist sehr ausgeprägt.

OSTCHOR, Vierungsturm und östliches Mittelschiffsjoch, in dem man wieder den Unterschied des Aufrißsystems und der Vierungspfeiler erkennt. Wie eine schäumende, spritzende Woge bricht sich der bekrönende Dekor der barocken Einbauten an den festen romanischen Pfeilern des Doms.

VIERUNG UND CHORGESTÜHL von 1755/59 mit Blick in den Nordquerarm. Dort erkennt man das Christoporusbild (Abb. S. 17) und zwei unterschiedliche Fenster. Die Abtrennung der Vierung vom Querarm wird deutlich. Sie geht schon auf das 12. Jahrhundert zurück, weil hier in der Vierung unter dem offenen Turm schon immer der Psallierchor des Domkapitels war, der liturgisch diesen Bereich mit Altarhaus und Apsis zum "Chor" zusammenschließt. Links neben dem Seitenaltar geht der Blick ins Seitenschiff mit dem Durchbruch zur Ägidienkapelle. Rechts die Blendarkaden des Altarhauses, die dieses vor dem kargen Querhaus auszeichnen. Das Gesims über ihnen ist eine Zufügung des 18. Jhs. aus Stuck, um die Symmetrie zur Südseite herzustellen. Hinter der Brüstung, die das Gestühl nach oben abschließt, liegen die Sängerbühnen. Darauf spielen die in zartem Relief ungewöhnlich präzise wiedergegebenen barocken Musikinstrumente an und verweisen zugleich auf die Bedeutung der Musik für die Liturgie als Widerspiegelung der himmlischen Harmonie. Der Reichtum und die vorzügliche Qualität des Gestühls täuschen über die Armut des damaligen Domkapitels hinweg, das sich keine Musiker leisten konnte. Im Nebenaltar (1752) die Figur des Erlösers (gegenüber die Muttergottes "Immaculata") von H. Jung aus Mainz.

ORNAMENTIERTER LISENENFUSS von der Nordseite des Ostchores (innen). Vorform der Blattmaske, weil die abgebrochenen Ranken einst aus Mund und Nase der bärtigen Männer hervorwuchsen.

OSTCHOR MIT HOCHALTAR, Chorgestühl und schräggestellten Seitenaltären als barocke Chorbühne festlich inszeniert. Darüber geben die klaren, massigen Pfeiler, Bögen und schweren Bandrippengewölbe des Chors den architektonischen Halt.

Oben: Der offene, volutengetragene BALDACHIN DES HOCHALTARS. Die starke Vergoldung steht vor dem Rot des Sandsteins.

Unten: Detail vom Gesims des Hochaltars: KARTUSCHE MIT PUTTEN, Rocailleornament, das in sich noch weitgehend symmetrisch gebildet ist.

Der HOCHALTAR Balthasar Neumanns von 1738/42 (Abb. S. 56 u. 57). Im Ziborium der Mitte klein das Gnadenbild der Gottesmutter, der sich zwei Engel zuwenden. Seitlich die Apostelfürsten Petrus und Paulus. Unter dem Baldachin das pfälzische Wappen mit bischöflichen Insignien, das auf den Stifter Franz Georg von Pfalz-Neuburg hinweist, den Vorgänger des Auftraggebers Franz Georg von Schönborn.

DER VIERUNGSTURM mit dem Gewölbe des Ostchors. Nischenartige Trompen ermöglichen die Überleitung in das Achteck. Sechzehn Nischen fügen sich darüber zu einem Kranz zusammen. Im ersten Joch des Mittelschiffs fällt die unterschiedliche Form der Vierungspfeiler auf.

Der schachtartig steile TURM ÜBER DEM WESTCHOR mit Rippenkuppel und dem Gewölbe der Westapsis. Als Antwort auf den Vierungsturm gedacht, zeigt er mit seinem Formenreichtum den zeitlichen Abstand von mehr als 40 Jahren. Die Vorlagen des Chorbogens sind hier gleich, dafür aber auf der Südseite (links) wegen des anderen Wandsystems z. T. funktionslos..

Die spätgotische Marienkapelle (einst St. Ägidien) wurde Ende des 15. Jhs. angebaut. Die sparsame Gliederung wird von einer historistischen Ausmalung des späten 19. Jhs. mit dazugehörigem Marienschrein überspielt, die sich eng an spätgotische Vorbilder anlehnt. Jüngst unter einer Übermalung hervorgeholt und sorgfältig restauriert, belegt sie, daß diese bis vor kurzem abgelehnte Epoche heute wegen ihrer eigenen Qualität wieder geachtet wird. Die Farbverglasung stammt von Heinz Hindorf (1988, vgl. S. 61 u. 64) und bezieht sich in ihrer zurückhaltenden Gestaltung auf die Ausmalung. Thematisch geht sie mit den Vierzehn Nothelfern auf das alte Ägidien-Patrozinium ein, während das zweite Fenster die wichtigsten Szenen des Marienlebens zeigt und damit einem alten Schema folgt, nicht ohne typologischen Hinweis auf Maria als neue Eva.

GLASMALEREIEN in den Kapellen an der Dom-Südseite, Entwürfe von Heinz Hindorf (Jena 1909 - Michelstadt/Odw. 1990), Ausführung Werkstätten Dr. H. Oidtmann, Linnich

Links: Georgskapelle, 1989: "Gerichtsfenster". Oben Mitte: Christus als Weltenrichter; über den beiden linken Bahnen das Lamm, das die Sünde der Welt tilgt, darunter 8 Sünden-Szenen; über den beiden rechten Bahnen: das Himmlische Jerusalem, darunter 8 Szenen guter Werke.

Mitte: Georgskapelle, 1989: "Passionsfenster": in drei Bahnen 14 Szenen aus der Passion Christi, in der Mitte Maria und Johannes unter dem Kreuz

Rechts: Annenkapelle, 1991: "Geschichtsfenster". Oben Mitte: Phönix, darunter links das Wappen des ehemaligen Bistums Worms, rechts das Wappen des Mainzer Bistums, darunter in vier Bahnen 20 der bedeutendsten Szenen aus der Geschichte von Worms.

In der künstlerischen Entwicklung von Heinz Hindorf seit 1968 (Nikolaus-Kapelle, S. 64) läßt sich eine zunehmende Annäherung an historische Vorbilder des 13. Jahrhunderts erkennen.

TAUFSTEIN IN DER NIKOLAUSKAPELLE, ehemals in der Johanniskirche, um 1485/90. Der Astdekor folgt einer Mode der Spätgotik und rahmt Johannes den Täufer mit sieben Propheten. Aufrecht sitzende Löwen tragen das Becken.

DREIJUNGFERNSTEIN IN DER NIKOLAUSKAPELLE, ehem. im Frauenkloster Maria Magdalena, dem sogen. "Bergkloster". Durch die Inschrift "Embede, Warbede, Willebede" wird auf drei jungfräuliche Märtyrerinnen aus dem Gefolge der hl. Ursula von Köln verwiesen, die nur hier verehrt wurden. In Haltung, Kopfform und Falten verkörpern sie den sogen. "weichen Stil" um 1420.

DIE NIKOLAUSKAPELLE NACH SÜDOSTEN. Der elegante zweischiffige Hallenraum vertritt den Stil der reifen Hochgotik des 14. Jhs., dem sich die gelungene moderne Farbverglasung von Heinz Hindorf (1968) anzunähern versucht. Die Rot-Blau-Tönung und die Medaillons knüpfen, ohne zu kopieren, an die große Tradition des 13. Jhs. an. Vielleicht war der ursprüngliche Farbklang durch einen größeren Anteil von Grisaille heller. Die figürlichen Darstellungen zeigen zentrale Themen aus dem Leben Jesu und Szenen aus dem AltenTestament, bei denen jeweils katastrophale Ereignisse durch die Vorsehung Gottes zum Guten gewendet werden.

Inneres der hochgotischen NIKOLAUSKAPELLE aus dem frühen 14. Jahrhundert nach Osten. Der Raum besitzt schöne, modern verglaste Maßwerkfenster (s. S. 64) neben dem romanischen des Südseitenschiffs. Die Kapelle mit dem spätgotischen Taufstein dient als Werktagskirche und Taufkapelle der Pfarrgemeinde und hat so in gewissem Sinn die Nachfolge der Pfarrkirche St.Johannis übernommen. Vollständiger Ab- und Wiederaufbau 1920/27.

ROMANISCHES TYMPANON der Nikolauskapelle. Bischof Nikolaus als Lehrer mit seinen Schülern (um 1160).

GOTISCHES NIKOLAUS-TYMPANON (um oder nach 1300). Das gleiche Thema, aber um Legenden erzählerisch bereichert und durch den neuen Stil leichter verständlich gemacht.

Das nach innen gewendete alte TYMPANON DES SÜDPORTALS. Christus zwischen den Hauptpatronen Petrus und Maria und heiligen Bischöfen (Nikolaus). Daneben wohl der Bauherr kniend. Die strenge, hierarchische Ordnung macht Christus unnahbar (um 1160). DIE GOTISCHE AUSSENSEITE DES GLEICHEN BOGENFELDES. Der Inhalt ist verwandt, doch zur Marienkrönung gewandelt, höfisch, aber auch menschlich. Die Zahl der Heiligen ist reduziert. Sie knien, um dem Bogenfeld zu folgen, da sie als Menschen nicht kleiner als Christus sind (um oder nach 1300). Der Bischof wird als Bauherr gedeutet.

DAS WESTLICHE APSISPOLYGON mit Diensten und Rippen im Klostergewölbe. Die tiefen, portalartigen Nischen mit Stufen und Zickzackrahmung waren zerstört und wurden 1906/07 nach Resten ergänzt. Die beiden unteren Blendrosetten müßten als Ergänzung der Rose hell hervorgehoben werden. Die Lichtführung erfolgt durch die verdeckten seitlichen Fenster.

MODELL DER WESTROSE mit nach Befund ergänzter geknickter und geschweifter Führung der Dienste, die der Rose ausweichen. Das entspricht den geknickten Säulen des Nordportals

DIE WESTROSE IM HEUTIGEN ZUSTAND mit Überschneidung durch die Dienste. Die Speichen der Rose sind ornamentiert.

DIE DANIELGRUPPE IN DER ANNEN-KAPELLE, Fragmente des romanischen Südportals, die bei Errichtung des gotischen Portals hier in einen Strebepfeiler eingesetzt und dabei zu einer neuen Komposition zusammengefügt wurden. Oben die gotische Konsole für die Rippen der Kapelle. Inschriften: DANIEL IN LACV LEONVM und ADELR(icus?) ME EM(it).

Ostchor, NÖRDLICHES OSTFENSTER, Löwe, einen Mann verschlingend, und Bären (Originale).

Ostchor, MITTLERES OSTFENSTER, Löwe mit Vogelkrallen und Widder (Kopien). Die gefährlichen Bestien werden als Verkörperung des endzeitlich Bösen gedeutet, das hier aber an die Kirche gebunden und damit überwunden sei.

Nordportal, Innenseite des Bogenfeldes mit romanischen BLATTMASKEN, um 1160.

Südostturm, KOPFKONSOLE des Bogenfrieses, um 1130.

Ostchor innen, Hornauslauf einer Lisene mit WIDDERKOPF, um 1130.

Langhaus, Ostjoche, LÖWENKOPF als Eckzier einer Basis um 1140/50.

DAS JULIANA-RELIEF vom Ostchor. Die Inschriften lauten: IVLIANA, seitlich: ADELBRAHT MONETARIUS (Schatzmeister/Bauverwalter), oben: OTTO ME FECIT (Bildhauer). Die Märtyrerjungfrau überwindet, von einem Engel geleitet, den Teufel. Warum die in der Inschrift Genannten gerade diese Legende wählten, um den Sieg der Kirche über die Versuchungen des Teufels anschaulich darzustellen, ist unbekannt. Der Auslauf des Lisenenprofils ist für die diagonal stehende Gruppe genutzt. Trotz strenger Stilisierung von Gewändern, Körpern und Gesichtern erscheint die Oberfläche leicht bewegt und belebt. Leider stark beschädigt.
DIE BAUMEISTER-SÄULE von der Galerie des Ostchors. Der Affe verkörpert das Böse, weil er als Karikatur des Menschen, des Ebenbildes Gottes und damit Gott selbst, angesehen wurde. Ebenso gilt er als mittelalterliches Symbol der Eitelkeit und mag als Mahnung gedacht gewesen sein für den sich hier erstmals selbstbewußt abbildenden Berufsstand, zugleich ein Vergänglichkeits-(Vanitas-)symbol. Blockhaft geschlossen, derb, primitiv, doch höchst eindrucksvoll die menschliche Figur, bewegter und differenzierter durchgebildet der Affe, weil er aus einer älteren Übung, steinerne Fabelwesen zu schaffen, hervorging.

Relief aus dem Kreuzgang: DIE VERKÜNDIGUNG AN MARIA (1487). Unter dem mächtigen Kielbogen, dem kleine Prophetenfiguren eingefügt sind, erscheint als Halbfigur Gottvater. Seitlich stehen Heilige, von denen nur Andreas und Barbara benennbar sind. Links kniet der Stifter. - Ausschnitte: Maria und Verkündigungsengel (aus gestalterischen Gründen hier in vertauschter Stellung zueinander abgebildet).

Relief aus dem Kreuzgang: GRABLEGUNG CHRISTI (1488/92), Hans Seyfer zugeschrieben. Die Köpfe sind teilweise ergänzt. Im Typ folgt das Relief den weit verbreiteten, fast lebensgroßen Darstellungen des Themas, hier kombiniert mit den Kreuzen und Schächern aus der Kreuzabnahme. Bei eher konventioneller Form der Gewänder sehr ausdrucksvolle Köpfe und Gesten.

Ausschnitt aus der Grablegung (Kopf des knienden Stifters ergänzt).

Wurzel Jesse, ein nicht genannter König von den Vorfahren Christi.

Wurzel Jesse, der hl. Hieronymus .

Wurzel Jesse, der kniende Stifter Bischof v. Dalberg.

Relief aus dem Kreuzgang: DIE WURZEL JESSE (1488) mit virtuos gearbeitetem Laub- und Astwerk. Aus dem schlafenden Stammvater Christi wächst der Stammbaum mit den königlichen Vorfahren Christi hervor, wie sie im Liber Generationis bei Matthäus aufgezählt werden. Da das Laubwerk je nach Werkstück wechselt und kaum Verbindungen über die Blockgrenzen hinweg hat, haben mindestens vier verschiedene Gehilfen daran gearbeitet. Zuschreibung an Conrad Seyfer (Straßburg).

Relief aus dem Kreuzgang: GEBURT CHRISTI (um 1515), das späteste der Reihe, im runden Rahmen bereits Renaissanceformen. Die preziöse Steinmetzarbeit erkennt man besonders in dem feinen Gesicht der Maria. Die Faltensysteme erscheinen beruhigt. In dem Landschaftsrelief des Hintergrundes der Stall, anbetende Hirten und Verkündigung an die Hirten. Den oberen Rahmen bildet ein Wolkenkranz mit einem Engelskonzert aus Renaissanceputten, während unten spätgotische Engel knien. Seitlich kniend links der Stifter (der Kanoniker J. Meintzer) von Petrus empfohlen, rechts ein Mädchen mit dem hl. Cyriakus.

Westchor, Nordseite mit romanischer Blendgliederung, deren untere Reihe als Rückwand der Chorsitze angesehen werden kann. Davor das GRABDENKMAL FÜR BISCHOF THEODERICH VON BETTENDORF (†1580) als charakteristisches Epitaph der Renaissance mit der gesamten Genealogie in den Wappen.

DAS PORTAL ZUM EHEMALIGEN KREUZGANG, jetzt im benachbarten Gemeindezentrum.

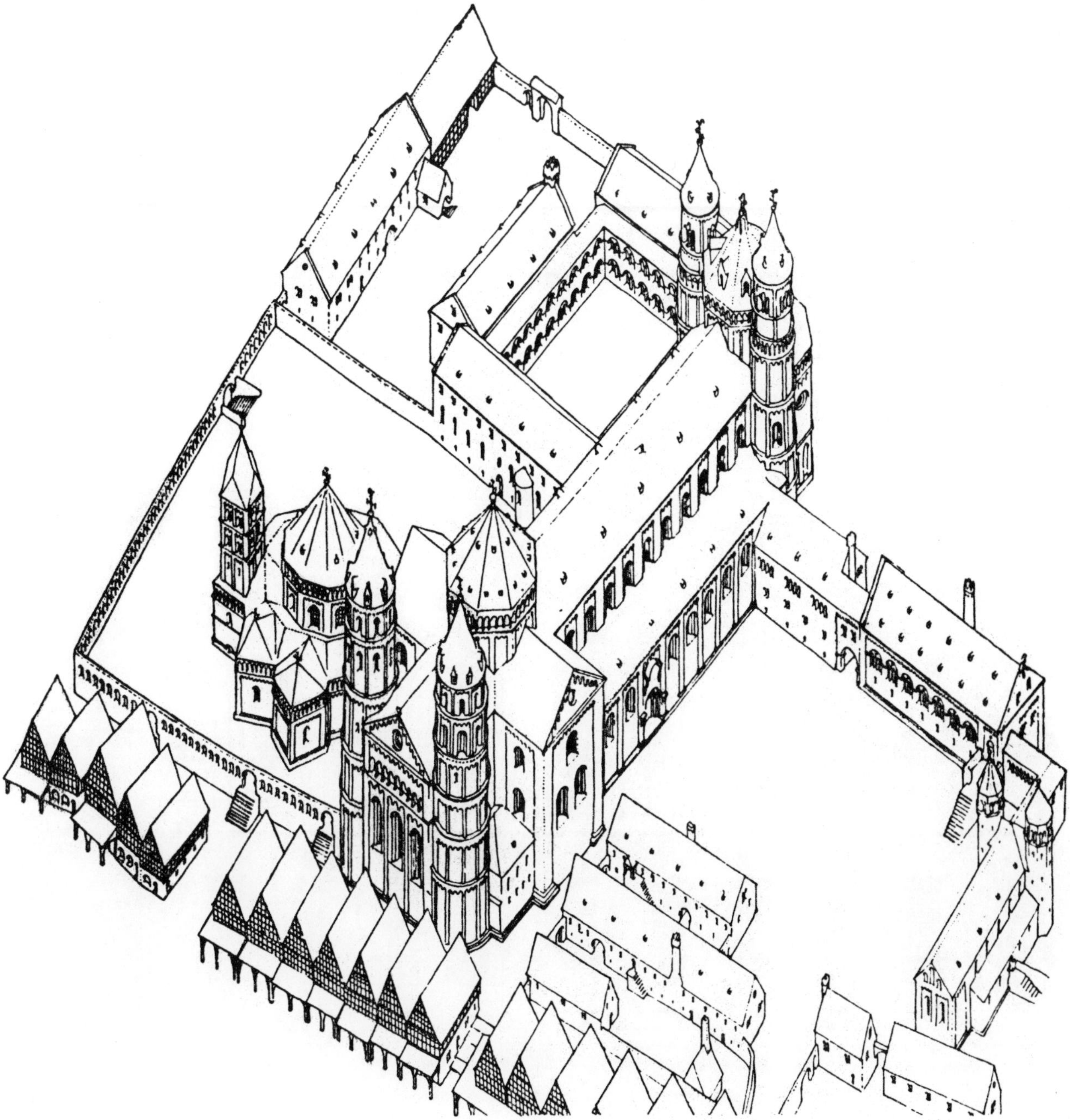

Der Wormser Dombezirk, nach einer Rekonstruktion von K. Gruber. Trotz des hypothetischen Charakters sämtlicher Details bei den Profanbauten bietet die Vogelschau einen guten Überblick.

Rechts (Norden): die bischöfliche Pfalz mit Palas, Saalbau und Pfalzkirche St. Stephan, davor der große Platz. Links (Süden): die Johanniskirche als Pfarr- und Taufkirche. Nach Westen (oben) verschoben das Geviert des Kreuzgangs mit Kapitelgebäuden. Unten (Osten): Häuserzeile am Markt mit Verkaufsständen. Der Dom als Achse.

Mittelschiff, Nordseite, M. 1:400

Westen Osten

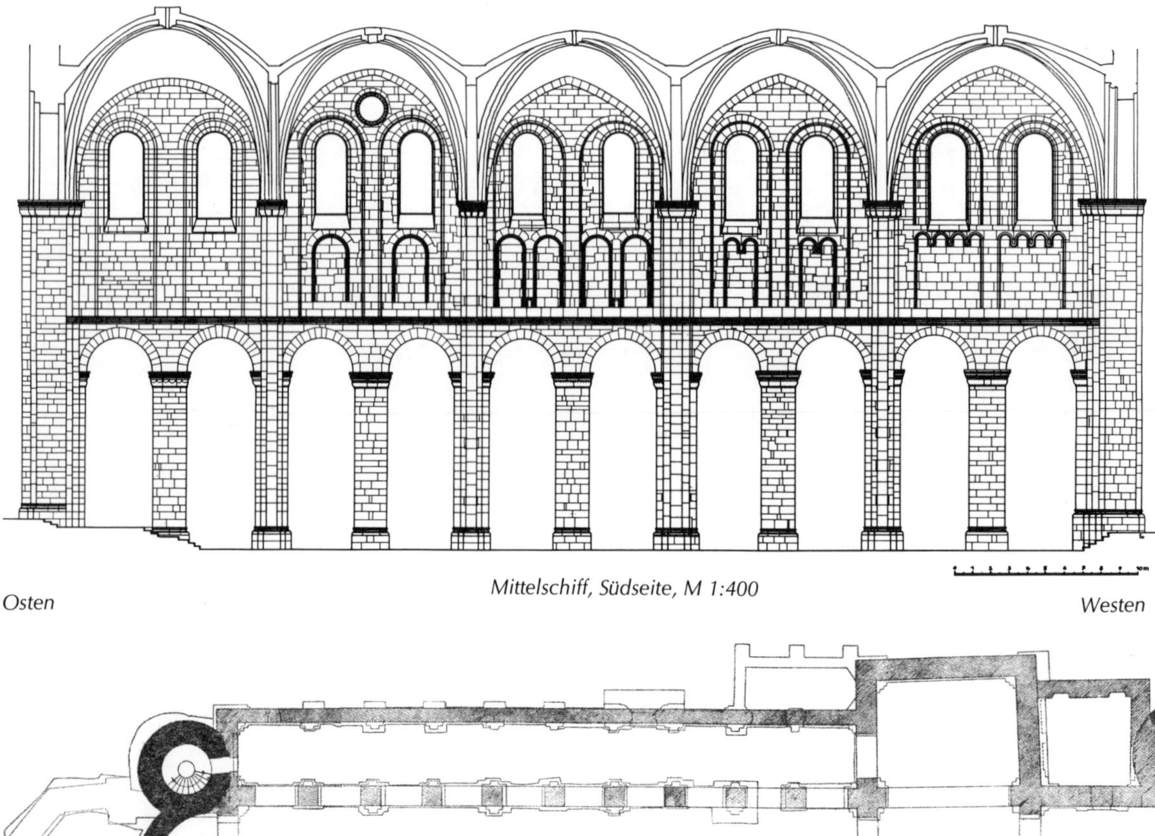

Mittelschiff, Südseite, M 1:400

Osten Westen

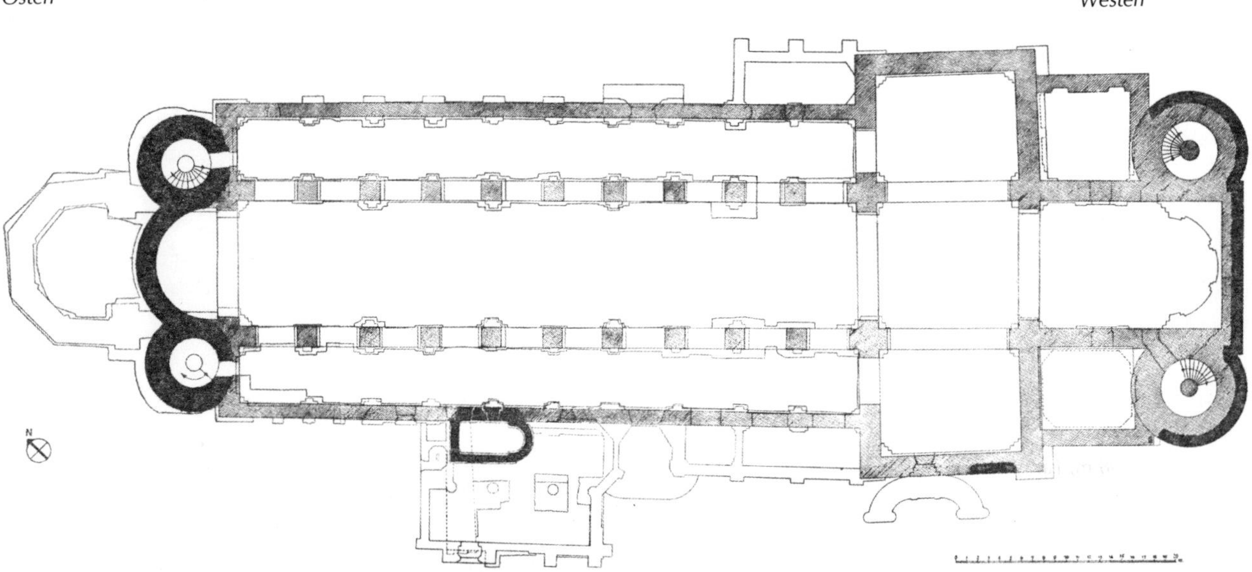

Burchard-Dom, Rekonstruktion M 1 : 666